El reloj emocional

El reloj emocional

Sobre el tiempo y la vida

Ramon Bayés

Plataforma
Editorial

Primera edición en esta colección: enero de 2018

© Ramon Bayés, 2018
© de la presente edición: Plataforma Editorial, 2018

Plataforma Editorial
c/ Muntaner, 269, entlo. 1ª – 08021 Barcelona
Tel.: (+34) 93 494 79 99 – Fax: (+34) 93 419 23 14
www.plataformaeditorial.com
info@plataformaeditorial.com

Depósito legal: B. 28.461-2017
ISBN: 978-84-17114-46-6
IBIC: VS

Printed in Spain – Impreso en España

Diseño y realización de cubierta:
Grafime
Fotocomposición:
gama, sl

El papel que se ha utilizado para imprimir este libro proviene
de explotaciones forestales controladas, donde se respetan
los valores ecológicos, sociales y el desarrollo sostenible del bosque.

Impresión:
Romanyà Valls
Capellades (Barcelona)

Para Àngels, que, después de tantos años,
sigue a mi lado

El tiempo es una realidad afianzada en el instante y suspendida entre dos nadas.

GASTON BACHELARD

Y lo actual es actual solo por un tiempo. Y solo para un lugar.

T. S. ELIOT

La historia geológica nos muestra que la vida es un corto episodio entre dos eternidades de muerte y que, en ese episodio, el pensamiento consciente dura un solo instante. No es más que un relámpago en medio de una noche larga. Pero este relámpago lo es todo.

HENRY POINCARÉ

Índice

Índice

1.
Introducción: la dimensión temporal de la vida

> Si observamos atentamente cómo la minutera de un reloj de pulsera marca un minuto, comprobaremos que tarda dos minutos y medio.
>
> JAUME PERICH,
> humorista

> Si estás sentado junto a una chica rubia, dos horas pueden parecer dos minutos. Si estás sentado sobre una estufa caliente, dos minutos pueden parecer dos horas. Esto es la relatividad.
>
> ALBERT EINSTEIN,
> físico

Es obvio que sin relojes y calendarios nuestra sociedad no podría funcionar. ¿Se imaginan unos aeropuertos sin horarios de vuelo, citas sin hora concertada, reuniones sin tiempo de convocatoria, pedidos sin compromiso de fecha de entrega, jueces que dictan penas sin establecer tiempo de cumplimiento, médicos que aparecen y desaparecen de la cama del enfermo aleatoriamente? ¿Pueden pensar en un mundo de esperas interminables en el que nunca supiéramos —ni pudiéramos saber— cuándo nuestras esperas tendrán fin?

> Lo que supone un sufrimiento intolerable para el ser humano es tener una experiencia desagradable que cree que no tendrá fin.
>
> FRIEDRICH NIETZSCHE,
> filósofo

Para establecer cierta coherencia en nuestro comportamiento siempre podríamos guiarnos, como los pueblos primitivos, por los signos que nos ofrece la naturaleza, como el día y la noche o los cambios debidos a las estaciones; también podríamos basarnos en los mensajes que nos envía nuestro organismo con regularidad, como las punzadas de hambre, la necesidad de sueño o el periodo menstrual. Pero ¿sería suficiente? Me temo que no. Existe una variabilidad tan grande, tanto en los entornos ambientales como en la fisiología de los seres humanos, que difícilmente nos pondríamos de acuerdo para realizar con eficiencia un trabajo en común que requiriese la participación de personas diferentes.

Afortunadamente, señala Hans J. Eysenck, un valorado psicólogo del siglo xx: «Mucha gente ha sufrido retrasos a causa de alguna avería mecánica en el tren o en el autobús en el que viajaban, pero muy pocas personas han sufrido retrasos porque el conductor haya decidido repentinamente parar y dedicarse a coger margaritas... Hay una regularidad suficiente en la conducta humana para hacerla susceptible de un estudio científico».

Además, desde hace varios siglos, disponemos de relojes cada vez más precisos que nos permiten evaluar el tiempo para organizar y ensamblar nuestras múltiples y complejas actividades sin las cuales nuestra sociedad, tal como la conocemos, no podría existir.

Hablo, claro está, del tiempo cronométrico. De aquel que interesa a los administradores, a los ejecutivos, a los políticos, a los trabajadores, a los técnicos, a los investigadores; en realidad, a todos los ciudadanos. Sin él no existirían empresas, ni Internet, ni transportes públicos, no funcionarían los hospitales, las escuelas ni el Parlamento, sería muy complicado celebrar aniversarios y ni siquiera podríamos concertar una cita con Joaquín o Sara a una hora y un lugar conveniente para ambos.

> Al tiempo no se lo puede ni ver, ni sentir, ni escuchar, ni gustar ni olfatear. La pregunta sigue flotando sin obtener respuesta: ¿cómo puede medirse algo que los sentidos no pueden percibir? Una hora es invisible. Pero ¿acaso los relojes no miden el tiempo? Sin lugar a dudas, miden algo; pero ese algo no es, hablando con rigor, el tiempo invisible, sino algo muy concreto: una jornada de trabajo, un eclipse de luna o el tiempo que un atleta emplea para recorrer 100 metros.
>
> NORBERT ELÍAS,
> sociólogo

el tiempo es invisible

Se usa para medir algo

Sin embargo, existe otra forma de valorar el tiempo tanto o más importante que la duración: la que es capaz de aportarnos felicidad o sufrimiento. Un tiempo que no se mide con relojes ni calendarios.

En el seno de cualquier organización humana, de mejor o peor gana, todas las personas que tienen un papel en ella le dedican un tiempo cronométrico más o menos largo a la actividad que realizan. Pero ¿disfrutan de ella de forma similar?, ¿utilizan con igual actitud y ánimo las horas de que disponen?, ¿son igualmente eficientes en su trabajo?

En 1890, Wiliam James, en su obra *Principios de psicología*, un clásico en la historia de la psicología, ya observa que: «Un día lleno de interés pasa sin que nos demos cuenta; por el contrario, un día de espera, de deseo insatisfecho de cambio, nos parece una pequeña eternidad».

En otras palabras, existe un tiempo que podríamos llamar objetivo, medible a través de relojes y calendarios —el tiempo cronométrico—, y un tiempo interior, subjetivo. Este último —su importancia e influencia en nuestras vidas— constituirá el núcleo de este libro. Porque a través de la comprensión y, en cierta medida, de una mejor gestión del tiempo interior podremos alcanzar un mayor grado de autonomía y, tal vez, de aciertos, plenitud y felicidad. En 2001, más de un siglo después de las palabras antes mencionadas de William James, en una revista médica prestigiosa, *The New England Journal of Medicine*, podían leerse las siguientes palabras de Campion, que reflejan, como un espejo, la misma idea: «Los relojes y los calendarios nos proporcionan medidas objetivas claras y consistentes. Sin embargo, también valoramos el tiempo en función de lo que sentimos que tarda en pasar. Dependiendo de las circunstancias, un día parece volar o una hora ser interminable».

El tiempo de espera de los candidatos a una oposición o una selección de personal, el retraso en el suministro de una pieza imprescindible en una cadena de montaje, las consecuencias de la cancelación de un vuelo, el aplazamiento de una cita, pueden ser acontecimientos que vayan mucho más allá de los minutos, horas o días que marcan los relojes y probablemente oculten, subjetivamente, dilatados tiempos de malestar y sufrimiento. Así, cuando debido a huelgas imprevistas, acontecimientos meteorológicos adversos o mala gestión de las compañías de aviación, de vez en cuando, quedan atrapadas en los aeropuertos miles de personas durante horas o incluso días, perdiendo vuelos, equipajes y conexiones, ¿cuál creen que es la duración percibida del tiempo transcurrido para estas personas en esta situación?, ¿solo la que marca el reloj?

Veamos un par de casos límite:

El 8 de marzo de 2014 el vuelo 370 de Malaysia Airlines, con 227 pasajeros y 12 tripulantes a bordo, despegó de Kuala Lumpur a las 00:41 y tenía previsto que aterrizara en Pekín a las 06:30 del mismo día. El piloto se comunicó por última vez con los controladores aéreos a las 01:30 horas y se perdió el contacto por radar con el avión a las 02:40, una hora y diez minutos más tarde. Después, desapareció sin dejar rastro.

Tras una intensiva búsqueda del aparato durante un año, las autoridades de Malasia, Australia y China se comprometieron a seguir intentándolo. En julio de 2015 se encontraron algunos restos del avión en las playas de la isla Reunión, al este de Madagascar. Medio año más tarde, en febrero de 2016, fueron hallados nuevos restos en las costas de Mozambique. Sin embargo, en agosto de 2017, todavía no se había encontrado una solución racional al misterio. Aparentemente, nadie sabe cómo, dónde o por qué desapareció el avión.

¿Se imaginan cuál ha sido la duración percibida del tiempo en padres, madres, hermanos, hijos, parejas y amigos de pasajeros y tripulantes desde la hora prevista de llegada del vuelo a Pekín, el 8 de marzo de 2014, hasta minutos, horas, días, meses y años más tarde, cuando todavía siguen esperando sin saber dónde están sus seres queridos ni qué les ocurrió realmente?

Si ahora nos centramos en los pasajeros de un vuelo diferente, el del Airbus A320 en ruta regular de Barcelona a Düsseldorf, cuyo piloto, el 24 de marzo de 2015, tras encerrarse en la cabina, decidió estrellarse con las 150 personas a bordo contra una pared rocosa de los Alpes, ¿cuál creen que fue la percepción cualitativa y cuantitativa del tiempo en los pasajeros y los tripulantes del avión en los pocos minutos, segundos, décimas de segundo, en los que fueron conscientes, de forma totalmente inesperada, de que iban a morir? ¿Solo el que marcaban sus relojes de pulsera? ¿Cuál es la percepción temporal de un suicida que se arroja al vacío, de un reo con su cabeza en la guillotina cuando oye el descenso de la cuchilla sobre su cuello?

Sherwin B. Nuland reproduce en su libro *Cómo morimos* el relato posterior de un hombre que cayó fulminado sobre la pista mientras jugaba a tenis, en un caso de paro cardíaco instantáneo:

> Entonces las luces se apagaron, como si estuvieras en un cuartito y dieras al interruptor. Lo único diferente es que todo ocurría a cámara lenta. Es decir, no sucedió así (y chasqueó los dedos), sino más bien así (y comenzó a describir un círculo con la mano, como un aeroplano que girase suavemente hasta descender a tierra), gradualmente y casi en espiral, como esto (dudó un momento y entonces frunció los labios cada vez más suavemente). El cambio de la luz a la oscuridad fue muy evidente, pero la velocidad con la que sucedió fue..., eso, gradual.

Hace muchos años, conducía un viejo coche por una carretera secundaria durante el invierno a primera hora de la mañana. El asfalto tenía una fina capa de hielo y los frenos fallaron. Pasamos rozando un árbol y, pocos segundos después, el coche chocó de frente contra uno de los mogotes de un pequeño puente y caí por un barranco de escasa profundidad tras dar una vuelta de campana completa agarrado al volante. Tuve mucha suerte; el coche no se incendió y pude salir del vehículo sin daños. Lo interesante es que, durante los pocos segundos que mediaron entre mi pérdida de control del vehículo y el choque con el puente pasaron ante mis ojos, como en una película a cámara lenta, muchas escenas de mi vida.

Algo parecido cuenta el dramaturgo Edward Bond en una entrevista:

> Hace treinta años tuve un accidente de coche. Lo que percibes es que el tiempo pasa más despacio. Lo recuerdo todo. Los más mínimos detalles... Vemos cosas que normalmente están ocultas.

Los niños extraviados en las migraciones, los ahogados en el Mediterráneo que nunca llegaron a la ansiada Europa, los muertos en los campos de acogida, los enterrados anónimamente al borde de las carreteras. Aparte de su sufrimiento antes de morir, ¡cuánto tiempo, sordo, ciego, mudo, de esperas interminables de otros seres humanos que, frecuentemente, siempre ignorarán el destino de sus familiares y amigos! ¡Cuánto dolor acumulado!

La duración cuantitativa del tiempo es esencial para poder tomar muchas decisiones, organizar la sociedad e incluso la vida en familia, para convertir nuestros proyectos en hechos. Pero su vivencia cualitativa es igualmente importante para comprender lo esencial de la vida: el sufrimiento o la felicidad.

Caminante, son tus huellas
el camino, y nada más:
caminante, no hay camino,
se hace camino al andar.

Antonio Machado,
Proverbios y cantares, 1917

En un libro como el presente será necesario tomar en consideración otros aspectos temporales, como la influencia de la inmediatez y la demora en el comportamiento, los recuerdos y los olvidos.

El tiempo, protagonista principal de esta obra, se intentará abordar desde diferentes perspectivas: a) la *elasticidad del tiempo subjetivo* en función de los dos parámetros que le dan sentido: la espera (largo) y la realización (corto); b) la *impaciencia de los seres humanos por obtener ganancias inmediatas*, a pesar de las consecuencias indeseables que a medio o largo plazo puedan suponerles; c) *la importancia que tienen*, en la secuencia de recuerdos y olvidos que forman parte de nuestra biografía, *las asociaciones temporales* entre los hechos placenteros o traumáticos que ocurren en ella y los estímulos externos e internos que los acompañan, y, finalmente, d) las *estrategias que podemos utilizar para detener voluntariamente el paso del tiempo*.

Una mejor comprensión de nuestra vida personal, social, afectiva y profesional desde una óptica temporal debería permitirnos ampliar nuestro conocimiento tácito y nuestra experiencia emocional, así como gestionar mejor nuestras expectativas, nostalgias y comportamientos. Finalmente, me gustaría señalar que lo que tienen en común la felicidad y la muerte es la ausencia de tiempo. Cuando somos felices nos situamos fuera del tiempo cronométrico. Éste pasa, como en la muerte, sin sentirlo; somos eternos. Aprender a morir es aprender a vivir fuera del tiempo.

Me gustaría escribir textos comprensibles tanto para los niños llenos de esperanza como para los ancianos que la han perdido.

KENZABURŌ ŌE,

escritor

2.
El tiempo en el deporte

> En algún momento de nuestra infancia percibimos el instante mágico en el que un futbolista excepcional, un artista del balón, consigue este prodigio inolvidable que relatarán los que lo presenciaron, luego los que no lo presenciaron y finalmente entrará en la memoria colectiva de las generaciones futuras.
>
> MANUEL VÁZQUEZ MONTALBÁN,
> escritor (y aficionado al fútbol)

Muchos de nuestros amigos y conciudadanos —tal vez tú mismo, lector— practican algún deporte, dedican muchas horas a contemplar acontecimientos deportivos, directamente o por el televisor, y se sienten felices o desgraciados ante los resultados obtenidos por su equipo preferido. Por ello, quizás puede ser una buena idea tratar de empezar esta reflexión sobre la percepción del tiempo en un contexto de actividad deportiva, ya que ella, en mayor o menor grado, forma parte de la vida de un sector importante de miembros de nuestra sociedad del siglo xxi. Además, debido a su doble faceta —extraordinario poder de convocatoria y movilización de grandes fortunas—, el mundo del deporte resulta un campo de estudio sumamente interesante.

> Es por eso que quería tanto a su equipo, no solo por la alegría de la victoria cuando se combinaba con la fatiga que sigue al esfuerzo, sino también por el estúpido deseo de llorar por las noches luego de cada derrota.
>
> Albert Camus,
> escritor

Un trabajo de la doctora Moira Maguire presentado en Canterbury en septiembre de 2000 da cuenta de que los sucesos que suscitan llanto, en un país como Gran Bretaña, dependen del sexo solo hasta cierto punto. Los hombres lloran más de lo que se piensa y no es cierto que repriman sus emociones. Lo que ocurre es que nueve de cada diez veces que los hombres dan rienda suelta a sus lágrimas lo hacen cuando están presenciando un partido de fútbol. Las mujeres suelen llorar por miedo, por pena, por compasión, por ternura o por amor; los hombres, porque el delantero centro de su equipo falla un penalti. Y cuando los hombres lloran de alegría, en general, no es debido al nacimiento de un hijo, sino a que su equipo ha ganado el campeonato. En un suplemento deportivo, un periodista afirmaba que un ser humano normal, un aficionado al fútbol del Barcelona, por ejemplo, que gana en varios años lo que algunos jugadores de su equipo ganan en un día, podría morir tranquilo tras marcar un gol en el campo del Madrid: «Toda su vida se justificaría, tendría sentido. Uno pagaría por marcar un gol, un solo gol de estos. Vendería la casa, tiraría sus ahorros por la ventana». «Para un verdadero aficionado —concluye el periodista—, la vida no puede ofrecer más.»

Importancia del cronómetro en la actividad deportiva

> El tiempo es lo que impide que todo suceda de golpe.
>
> *American Journal of Physics*, 1978

El mundo del deporte de competición se encuentra dominado por el cronómetro de varias maneras:

a) En multitud de deportes de equipo (fútbol, baloncesto, balonmano, etcétera) *un tiempo fijado de antemano determina, en gran medida, la actuación y esfuerzo de los jugadores*, y estos suelen comportarse en el terreno de juego —y los aficionados en las gradas o en el sofá frente al televisor—, en buena parte, en función de tres factores: la importancia que conceden al partido, el grado de estabilidad o incertidumbre que atribuyen al resultado que, en cada momento concreto, aparece en el marcador y el tiempo cronométrico que falta para terminar el partido. Si la importancia que se concede a la competición es elevada y la incertidumbre del resultado se mantiene —o aparece, en un momento dado, la imperiosa necesidad de remontar un resultado adverso o mantener a toda costa un resultado favorable—, el tiempo, subjetivamente, parece acelerarse o lentificarse a medida que se acerca el final del partido. Y el entrenador, los espectadores y los aficionados —que están sujetos, como los jugadores, a la tiranía del cronómetro— empiezan a mirar con nerviosismo, alternativamente, al árbitro y a sus relojes, y si su equipo va ganando por la mínima, por ejemplo, suelen exigir colectivamente —con gestos ostentosos y gritos amenazadores o insultantes para la madre del árbitro— que el colegiado señale ya el final del partido.

b) En otros deportes, como el tenis, por ejemplo, el esfuerzo se gradúa, en gran parte, en función de: la importancia que se concede al partido, la estabilidad o incertidumbre que se atribuye al resultado obtenido en cada momento concreto, el número y dificultad de los sets que quedan por jugar antes de terminar el encuentro y el *tiempo transcurrido,* el cual actúa en los jugadores en forma de cansancio acumulado.

c) En ajedrez, *el reloj controla el tiempo* que se concede al jugador para reflexionar antes de cada jugada.

d) Finalmente, en algunos deportes individuales, como el atletismo y la natación, *el hombre lucha contra el tiempo,* tratando de recorrer un espacio fijado de antemano (100, 1.000, 5.000 metros, etcétera) en el menor tiempo posible.

A los jugadores y atletas no les será difícil encontrar en Martens, un psicólogo del deporte, el fundamento que he utilizado para destacar la importancia y la incertidumbre de la competición como factores generadores de estrés. Lo que en el presente capítulo quisiera subrayar es que la incertidumbre varía con el transcurso del partido. De hecho, en los deportes de competición, de una forma o de otra, las dos facetas del tiempo —la objetiva y la subjetiva— están siempre omnipresentes. Sin embargo, mientras que para el cronómetro todos los minutos tienen la misma duración, para el deportista, para el entrenador y para los aficionados la percepción de su duración varía en función de las circunstancias concretas de cada momento. En el trabajo y en la vida cotidiana suele ocurrir, frecuentemente, un fenómeno parecido.

Joaquim Xirau, un catedrático de filosofía de la Universidad de Barcelona que, en 1938, emprendió junto a Machado el camino del exilio, en su última publicación en vida, «Time and its dimensions», nos señala que «presente, pasado y futuro son las dimensiones esenciales de la temporalidad». Sin embargo, san Agustín, en el siglo v, ya precisaba, en una línea que nos recuerda el *mindfulness*: «No se puede decir con exactitud que sean tres los tiempos: presente, pasado y futuro. Habría que decir con más propiedad que hay tres tiempos: un presente de las cosas pasadas, un presente de las cosas presentes y un presente de las cosas futuras... El presente de las cosas idas es la memoria. El de las cosas presentes es la percepción o la visión. Y el presente de las cosas futuras, la espera».

Los teóricos y profesionales del deporte señalan que, antes y durante la competición, el deportista debe concentrar su atención en cada uno de los momentos concretos que está viviendo. En otras palabras, aunque así no se suela presentar en los periódicos deportivos, lo que se pretende es que el atleta, con el fin de aumentar su rendimiento, utilice estrategias capaces de anular el paso del tiempo y permanecer siempre en un presente inmutable; que consiga, mientras está en la pista, en el terreno de juego o en la piscina, abolir el pasado y suprimir el futuro, participando en la competición como si el tiempo no transcurriera; que se convierta él mismo en una especie de cronómetro que solo se ocupa de marcar debidamente el milisegundo presente; que olvide, en cada instante, el milisegundo anterior y que no se vea afectado por el milisegundo siguiente. ¿Constituye una de las misiones del entrenador establecer técnicas capaces de suprimir en el hombre algo que forma parte de su esencia —la vivencia de su temporalidad— y conseguir, durante el partido o la competición, que el deportista actúe como si su actividad se desarrollara en un extraño mundo atemporal?, ¿será que el objetivo olímpico se ha visto reducido, a través de la técnica, al hombre-autómata o al equipo-máquina, con el objetivo no tanto de participar, sino de ganar a cualquier precio?

Entre los deportistas de alto nivel —señala Michael Mahoney, psicólogo del deporte de la Universidad de Pensilvania—, «la diferencia entre dos atletas es un 20 % física y un 80 % mental». Y buena parte de este control mental consiste precisamente en tratar de eliminar los pensamientos orientados hacia el pasado —en especial, la revisión de las jugadas realizadas— y de los errores que pueda cometer en el futuro: «¿Qué pasaría si...?». En determinados momentos, situaciones y niveles de la actividad humana, ¿es, funcionalmente, tan diferente lo que ocurre en el mundo del instituto, de la universidad o de la empresa?

Lo mismo que en el estrés, el cerebro juega un papel importante en la percepción o interpretación de la intensidad del dolor. Un jugador de fútbol, por ejemplo, puede sufrir una fractura en el transcurso de un partido sin sentirla, y ello se debe al hecho de que durante la competición su cerebro está concentrado, ante todo, en el juego y se despreocupa del resto, es decir, que inhibe el mensaje de dolor que recibe a través de la médula espinal.

RONALD MELZACK,
experto en dolor

En las líneas que seguirán, me gustaría igualmente prestar atención a una etapa especial: antes del comienzo de una competición deportiva, ¿hasta qué punto los momentos que la preceden tienen tendencia a alargarse o a acortarse subjetivamente para los deportistas que deben participar en ella?

La percepción de control del tiempo

De acuerdo con los datos que proporciona una investigación llevada a cabo con alumnos del INEFC (Instituto Nacional de Educación Física de Cataluña), cuando la actividad deportiva que practicamos acapara nuestra atención, el tiempo parece acortarse, pasa con rapidez; cuando no nos interesa, cuando nos aburre, el tiempo se eterniza.

Retomando el pensamiento de William James: «Una noche de dolor parece terriblemente larga; solo miramos hacia el futuro, hacia un instante que nunca llega: el momento en que aquel ha de cesar». ¿Por qué nos recordará esta frase los últimos mil metros de una maratón?

Veamos lo que ocurre en el caso de los estudiantes del INEFC. El objetivo principal de la investigación que comentamos fue tratar de elaborar una clasificación que permitiera agrupar aquellas situaciones o actividades susceptibles de producir, en los deportistas, distorsiones subjetivas del tiempo cronométrico, alargándolo o acortándolo, con independencia del deporte practicado. Sin embargo, a la luz de lo que se irá percibiendo a lo largo del texto, los datos encontrados revisten interés tanto en el ámbito del deporte como en otros escenarios —el trabajo, el ocio, la familia o la política— en los que se desarrolla la vida de las personas.

Se partió de un cuestionario con dos preguntas abiertas administrado anónimamente:

1) A continuación, describe, por favor, una experiencia de tu vida deportiva en la que el tiempo se te haya hecho *mucho más largo* que el tiempo real transcurrido (tiempo de reloj).

2) A continuación, describe, por favor, una experiencia de tu vida deportiva en la que el tiempo se te haya hecho *mucho más corto* que el tiempo real transcurrido (tiempo de reloj).

Las respuestas se agruparon funcionalmente de la forma siguiente:

A) A un deportista (pregunta 1), el tiempo le parece más largo que el cronométrico cuando:
  a) Percibe la situación presente como desagradable, molesta o dolorosa desde un punto de vista somático, social o cognitivo.
    – «La vivencia más larga fueron las noches de insomnio pasadas en el campamento base del Aconcagua. Los dolores de cabeza y el insomnio causado por el mal de altura hicieron esas noches interminables.»
    – «En una práctica de ciclismo, en la ascensión al Envalira, los últimos 5 kilómetros se hicieron eternos.»
    – «En la última prueba del circuito de triatlón la meta parecía correr más que yo.»

— «En las pruebas de ingreso en el INEFC, la *course navette*; parece que corras hace 10 minutos y solo han pasado 3.»

— «Hace tres años, jugando un partido de *rugby* con un equipo argentino muy bueno. Sus jugadores eran mayores que nosotros. Jugamos dos partes de 30 minutos. Nuestro equipo era muy sacrificado y nos pasamos el partido corriendo y placando hasta que, cuando todavía faltaban 20 minutos para terminar, ya no podíamos más. Durante aquellos 20 minutos, los miembros de nuestro equipo preguntaron al árbitro la hora muchas más veces que en todos los partidos juntos que jugamos a continuación.»

¿Estaba tranquilo en el banquillo? ¡Ni hablar! ¡Se sufre! ¡Se sufre endiabladamente! ¡Usted no puede imaginar lo que es eso! Incluso en la final, cuando íbamos ganando por tres a uno y solo quedaban tres minutos, yo estaba pasándolo muy mal. ¡Ser entrenador! ¡Vaya profesión!

GONZALO SUÁREZ,
entrenador de fútbol de primera división en 1961

---

b) Percibe la situación como monótona, aburrida o poco motivante.

— «En entrenamientos aburridos el tiempo se hace larguísimo.»

- «En un partido de *rugby* en el que casi nunca tocas pelota y te pasas todo el rato corriendo arriba y abajo, parece que el tiempo pase mucho más lento que en otro partido en el que te llegan más pelotas.»
- «El transcurso de un partido de baloncesto en el cual no había mucha acción ni diversión. Se me hizo muy largo debido al aburrimiento.»
- «Un partido de baloncesto que te lo pasas sentado en el banquillo.»
- «Jugar un partido de tenis por compromiso con un conocido que tiene un nivel mucho más bajo que el tuyo.»

c) Se encuentra a la espera de que empiece o se reanude una competición importante de resultado incierto.

- «Cuando tengo una competición por la tarde, la mañana se me hace larguísima.»
- «Los momentos previos a una competición, cuando estás esperando que te toque a ti.»
- «Fue en una competición de kárate. Faltaba una hora y media para el combate. Bajé a calentar y correr un poquito y no había forma de que me tocase pelear a mí porque parecía que el tiempo no corría.»
- «La noche anterior a un partido de *rugby* importante. Estaba en tensión, pensando técnicamente en el partido, ansioso por empezar, no podía dormir y las horas no transcurrían.»

- «Atletismo. Estadio Serrahima. Verano de 1993. Finales de los campeonatos de Cataluña. Entre cada dos intentos consecutivos, especialmente en los saltos de longitud iniciales, transcurrían de 7 a 10 minutos, pero parecía que pasaba media hora.»
- «La realización de la práctica deportiva (la fase más dinámica) representa un periodo de tiempo muy corto (aunque esté jugando un partido de 80 minutos). Es la fase previa la que se me hace mucho más pesada y duradera.»

d) Percibe que no controla la situación.

  - «El tiempo se hace larguísimo en algún campeonato o competición en los que te va mal; te da la sensación de que nunca va a terminar.»
  - «La experiencia más larga del tiempo que transcurrió fue en un partido de baloncesto en el que perdimos por bastante.»
  - «Mi deporte es la gimnasia rítmica. En la realidad, una tabla dura entre dos minutos y dos minutos y medio. Pero el primer año que actué individualmente, me pareció que duraba el doble, ya que me quedé en blanco en medio de la pista, con 15 jueces y un pabellón entero mirándome.»
  - «Una lesión en la rodilla por la cual tuve que estar dos meses en el hospital.»
  - «Una lesión que todavía me dura. La tengo desde hace dos meses y parece que hace mucho más

tiempo. No me permite jugar al fútbol ni asistir a clase con regularidad.»

— «Una de las muchas veces que he rodado (correr durante largo tiempo, a baja intensidad) los 1.500 metros en una competición con un sufrimiento y un cansancio intensos.»

e) En un partido o competición subjetivamente importante, el hecho de plantearse la posibilidad de un cambio desfavorable inmediato en un resultado que, en ese momento concreto, se considera favorable incrementa la longitud temporal percibida hasta que aumenta la ventaja propia o el árbitro señala el final del partido.

— «Jugando un partido de fútbol sala, el marcador iba a favor de mi equipo, pero veía que, en cualquier momento, el otro equipo podía marcar.»

— «El último partido de liga, donde nos jugábamos el acceso a los *play-off*. Los últimos cinco minutos me parecieron eternos.»

— «Baloncesto. Partido que ganábamos desde el principio, pero en el que, a medida que transcurría, íbamos perdiendo ventaja.»

— «Una final de sector de Barcelona en balonmano, categoría juvenil, en la que íbamos ganando y el partido no se acababa nunca. Los minutos parecían horas.»

— «Jugando al fútbol, cuando vas ganando y falta poco para terminar el partido. Tienes miedo de que el otro equipo consiga empatar.»

- «Hace dos años, en el campeonato de Cataluña de taekwondo. Final del peso ligero entre el actual campeón y yo mismo. Estando el marcador 4-3 a mi favor, el entrenador me dice: "Aguanta solo 45 segundos". Se hicieron interminables.»

f) Su estado de ánimo es ansioso o depresivo.

  - «En un día de esos en los que tienes que ir a correr durante largo rato, no tienes ganas y, además, sufres, el tiempo es eterno.»
  - «Tener que ir a correr, como entrenamiento para las pruebas del INEFC, en días en los que mi estado de ánimo no era alto y mi cuerpo no se encontraba en buena disposición.»
  - «En alguna etapa larga de bici. Parece que nunca llega el fin, pues una pájara te produce un gran estado de ansiedad. Esto me sucedió concretamente en el Camino de Santiago.»

B) A un deportista (pregunta 2), el tiempo le parece más corto que el cronométrico cuando:

a) Percibe la situación presente como agradable, relajante o generadora de bienestar.

  - «Rodar en compañía de amigos, hablando.»
  - «El tiempo se me hace muy corto cuando estoy esquiando, ya que parece que acabo de empezar y ya son las cuatro o las cinco de la tarde.»
  - «En una selección o concentración en la que sales de viaje con compañeros. Cuando regresas, parece que hayas acabado de salir.»

- «Cuando te lo estás pasando bien escalando con los amigos; el tiempo pasa muy deprisa, sin darte apenas cuenta.»
- «Era marzo y teníamos que viajar a Escocia. El vuelo duraba dos horas y media. Nos pasamos todo el vuelo de pie, entre la cabina del piloto y el rincón de las azafatas. Nos lo pasamos tan bien que el vuelo se nos hizo corto, muy corto.»
- «Cuando practico el deporte como *hobby* y me divierto, el tiempo parece transcurrir mucho más deprisa.»
- «Siempre que mezclo el deporte con la diversión sucede esto. Un día entero puede pasar volando si lo que haces es exclusivamente divertirte.»

b) Percibe la situación como interesante o absorbente.
- «Una clase de taekwondo con un gran maestro coreano. La clase se me hizo muy corta debido seguramente a su interés.»
- «Algunos entrenamientos que monta el entrenador diferentes de lo habitual y que son más entretenidos.»
- «Un cursillo de esquí en el que aprendí mucho y donde me lo pasé muy bien.»
- «Una clase de taekwondo en la que entrenas velocidad y estás totalmente concentrado en el adversario.»

«Sales al campo, el himno, el público, la copa en la banda... Tienes tal inyección de adrenalina que es imposible estar cansado: la cabeza se sobrepone a todo.»

Dani Carvajal,
ganador de la Copa de Europa 2017

c) Considera que controla la situación.
   – «El día que te encuentras cómodo y a gusto durante un encuentro. Te sale todo y no tienes ganas de que acabe nunca.»
   – «Un partido de baloncesto en el que me estaba forrando de puntos acabó en un momento.»
   – «Un campeonato en el que en todas las pruebas en que participé realicé mi mejor marca personal y quedé entre las tres primeras clasificadas.»
   – «Cuando corro cualquier *cross* de unos 4 kilómetros (unos 16 minutos) y me siento bien de piernas y respiración, se me pasa la prueba muy rápida, casi sin tiempo para pensar.»
   – «Suele pasar en los partidos (de tenis) en los que te sale todo y el adversario no sabe qué hacer para contrarrestar.»
   – «Si creo que voy a realizar una buena actuación, el tiempo se me hace más corto que el real.»
   – «Hacer una carrera de 10 o 12 kilómetros en buen estado físico. El hecho de sentirme bien y verme con fuerzas hace que el tiempo pase con rapidez.»

— «Esta experiencia me ha pasado cuando la concentración en apartar el tiempo de la mente es máxima.»

d) Acaba de finalizar con éxito una competición subjetivamente importante.

— «En una ocasión en que subí al pódium se me hizo muy corto. Me hubiese quedado allí, con toda la gente aplaudiendo.»

— «El tiempo que permanecimos en el pico del Aconcagua. La sensación de felicidad que nos invadía nos hizo muy corto el tiempo que pasamos arriba.»

— «Después de una competición que te ha salido bien, el tiempo vuela. Quisieras saborear el momento, pero pasa muy deprisa. Las felicitaciones, el acto de entrega de premios..., no querrías que acabasen nunca.»

— «Una vez en que gané una carrera, la entrega de premios se me hizo corta.»

e) En un partido o competición subjetivamente importante, el hecho de plantearse la posibilidad de un cambio favorable inmediato en un resultado que, en ese momento concreto, se considera desfavorable disminuye la longitud temporal percibida hasta que se consigue dicho cambio o hasta que el árbitro señala el final del partido.

— «En un partido de fútbol en el que vas perdiendo por poco y ves que se te acaba el tiempo.»

- «En la prórroga de un partido de baloncesto en el cual íbamos perdiendo por poco y no conseguíamos igualar el marcador, los 5 minutos pasaron volando.»

- «En un partido de baloncesto, mi equipo iba perdiendo y quedaban 10 minutos. En aquellos momentos, el tiempo transcurrió tan deprisa que me pareció que no había tenido tiempo apenas de respirar.»

- «Cuando en cualquier deporte en el que el tiempo del partido es fijo vas perdiendo, el tiempo pasa volando.»

- «En una final del campeonato de Europa en que íbamos perdiendo (España, 0-Francia, 1), teníamos el ánimo de remontar el partido. Quedaba más de media parte y, sin embargo, todo pasó muy deprisa y llegamos volando al final del partido.»

- «Hace un año, en la semifinal del campeonato de España de taekwondo, estaba perdiendo y debía conectar un punto para empatar o hacer un KO. Quedaban dos minutos y medio y no tuve tiempo de plantear ningún esquema de ataque.»

Para terminar esta revisión, subrayemos la respuesta de uno de los participantes, por tratarse de una experiencia entrañable que recuerda la capacidad que tienen los niños de abolir el tiempo cuando disfrutan jugando: «De niño, cuando mi madre me decía que tenía que subir a casa a cenar y yo me lo estaba pasando de maravilla en la calle jugando con los demás niños, siempre me sorprendía. ¿Ya era hora de marchar?».

> Por fin, y como siempre antes de tiempo, se acabó el recreo.
>
> ANDONI ZUBIZARRETA,
> discurso de despedida tras
> el Mundial de Fútbol de 1998

> Los goles pasan. Las amistades perduran.
>
> JENNIFER PAREJA,
> considerada mejor jugadora
> de waterpolo del mundo en 2014

El tiempo elástico

En el mundo del deporte —en las aulas, en el ejercicio de una profesión y en el transcurso de la vida— existen muchos momentos en los que la percepción temporal se dilata y otros en los que se acorta. Si el objetivo que persigue el deportista no es tanto practicar una actividad lúdica como conseguir la perfección mecánica o interactiva del organismo con el entorno para alcanzar la medalla más dorada o subir al pódium más alto, entonces los psicólogos del deporte y los entrenadores deben luchar para anular los pensamientos sobre acontecimientos pasados y futuros, en especial aquellos que, como se ha visto en las respuestas aportadas, pueden impedir el mantenimiento de la concentración en los aspectos que en cada momento sean más relevantes para el resultado del partido o la competición. Si lo importante no es disfrutar con el deporte sino ser el mejor desde el punto de vista del reconocimiento público, habrá que pagar por ello un alto precio temporal en entrenamientos físicos y mentales. Y la inmensa mayoría de los que lo paguen no verán necesariamente la película. En Estados Unidos, por ejemplo, aunque 10.000 deportistas se están entrenando para conseguir formar parte de su equipo olímpico de gimnasia femenina, solo una de cada mil lo conseguirá.

En cuanto a las estrategias para tratar de anular o disminuir la percepción distorsionada del tiempo, de forma que ningún pensamiento perturbe la concentración, ha sido posiblemente en Larry Dossey en quien hemos encontrado el análisis más apropiado: «Cuanto más absortos nos encontremos en la tarea que estamos realizando, menor será la estimación del tiempo transcurrido». Este tema se tratará con algún detenimiento en el capítulo 4.

Las ocasiones en las que perdemos la noción del tiempo surgen:

a) De forma inesperada, cuando nos encontramos participando de un acontecimiento agradable, interesante o divertido.

b) De forma más habitual, cuando estamos realizando un trabajo profesional —en el deporte, la medicina, la arquitectura, la contabilidad, la reparación de un tendido eléctrico o en el trabajo doméstico— al que dedicamos nuestra atención plena.

> Cuando se está totalmente inmerso en una tarea, ya sea la de auscultar pulmones o cuidar un huerto, el tiempo se queda quieto, desaparece.
>
> LARRY DOSSEY,
> médico

En ambos casos es muy recomendable y saludable darle sentido al tiempo.

El tiempo detenido

> El tiempo se puede congelar pero no rebobinar.
>
> De la película *Cashback*, 2006

Como veremos en el capítulo 4, las técnicas que actualmente se utilizan para incrementar la concentración —relajación, biorretroalimentación, parada del pensamiento, autohipnosis, *mindfulness*, etcétera— poseen un elemento común: el hecho de solicitar del sujeto que centre su atención plena en una imagen o una actividad. Y lo que pasa, cuando esto sucede, es que la persona abandona momentáneamente su participación en el devenir de la vida, como río que fluye desde el pasado hacia el futuro, para sumergirse en un tiempo estático desde el que observa una secuencia de imágenes atemporales que simplemente están.

Así, un maratoniano, por ejemplo, debe aprender a mantener la atención en lo que está sucediendo en cada instante sin sentirse abrumado por la tremenda distancia que le queda todavía por recorrer. Y lo mismo ocurre cuando se trata de escalar una montaña, recorrer varios largos de piscina o atravesar, uno tras otro, un considerable número de sets en un igualado y decisivo partido de tenis.

Pero ¿qué pasa cuando al atleta, el día antes de la competición decisiva, lo abandona la novia, fallece un amigo íntimo de accidente, su padre se queda sin trabajo, diagnostican a su madre una enfermedad incurable o sufre una lesión? No hay duda de que, como en toda actividad humana —en el trabajo, el escenario o el laboratorio—, la práctica de la actividad que se realiza implica, en estas circunstancias, momentos de intenso autocontrol emocional que pueden comportar, incluso en los atletas mejor entrenados, una considerable dosis de *sufrimiento*.

Reflexiones al final del capítulo

Uno de los aspectos que puede mejorarse de forma notable, tanto en la actividad deportiva como en otros ámbitos de la sociedad humana, lo constituye la gestión de los *tiempos de espera,* los cuales, en muchas ocasiones, son generadores de un estrés situacional intenso, a veces evitable o que, al menos en alguna medida, puede ser aliviado.

> Quien es feliz
> no mira el reloj.
> Son los relojes
> los que miran
> a quien es feliz.
>
> EVGENI EVTUCHENKO,
> poeta

3.
La incertidumbre de la espera en la enfermedad

> Yo no sé si las leyes son justas
> o si las leyes están equivocadas;
> todo lo que sabemos los que estamos en prisión
> es que las paredes son espesas;
> y que cada día es como un año,
> un año cuyos días son largos.
>
> OSCAR WILDE,
> *The Ballad of Reading Gaol*, 1898

Para abordar el tema del presente capítulo necesitamos, ante todo, disponer de una definición de sufrimiento, y para ello puede ser útil consultar el llamado informe Hastings, que, con el título *Los fines de la medicina*, el lector interesado puede localizar fácilmente en Internet en castellano.

Este informe, dado a conocer en 1996 por la prestigiosa institución de bioética Hastings Center de Nueva York, supuso cuatro años de trabajo de catorce destacados especialistas procedentes de diferentes países: Alemania, Chile, China, Dinamarca, España, Estados Unidos, Holanda, Hungría, Indonesia, Italia, Reino Unido, República Checa, República Eslovaca y Suecia. El mismo constituye, en mi opinión, uno de los mejores modelos disponibles en la actualidad para la medicina del siglo xxi, entendida esta como el conjunto de disciplinas que trabajan interactivamente con un objetivo común: *el alivio del sufrimiento,* subrayado nuevamente por Iona Heath en 2017 en el *British Medical Journal.*

Como escribe Victoria Camps en la presentación de la edición española: «La novedad fundamental del texto que traducimos es haber podido formular nuevas prioridades en la práctica de la medicina. Los fines de la medicina, a finales del siglo xx, deben ser algo más que la curación de las enfermedades y el alargamiento de la vida. Han de poner un énfasis especial en aspectos como la *prevención* de las enfermedades, la *paliación del dolor y el sufrimiento,* han de situar al mismo nivel el curar y el cuidar y advertir contra la tentación de *prolongar la vida indebidamente».*

Aunque en nuestra sociedad medicalizada los términos «dolor» y «sufrimiento» suelen utilizarse indistintamente como sinónimos, de hecho, son fenómenos diferentes. Como señala el informe Hastings: «El dolor se refiere a una aflicción física y se manifiesta de muchas formas: el dolor puede ser agudo, punzante, penetrante, difuso. El sufrimiento, en cambio, se refiere a un estado de preocupación o agobio psicológico, típicamente caracterizado por sensaciones de miedo, angustia o ansiedad».

> Mientras el médico me exploraba, le di las gracias y le pregunté qué tenía. No me dirigió la palabra, estaba demasiado ocupado con la pantalla, y yo, más que asustada. Aquellos ojos me daban miedo. Cuando acabó, llamó a cinco médicos a la habitación. Se quedaron atónitos ante la pantalla de la eco: o esperaba quintillizos o me había tragado una foto de Pamela Anderson. No me dijeron nada de nada, simplemente decidieron ingresarme de inmediato y, obviamente, no era para darme una fiesta sorpresa.
>
> ELISABET GILI,
> enferma de cáncer de 24 años

Amenaza y sufrimiento

Pedro Laín Entralgo, uno de nuestros pensadores más ilustres, en unas lúcidas páginas sobre la vivencia de la enfermedad, escribe que un hombre enfermo es, esencialmente, un hombre amenazado por el dolor, la soledad, la invalidez, el malestar y la muerte. Lo característico del sufrimiento es la percepción de *amenaza*. Sin embargo, el sufrimiento no es algo propio únicamente de los enfermos. Cualquier persona puede sentirse amenazada intensamente, no solo al verse confrontada con un diagnóstico de cáncer o alzhéimer, sino también en el ejercicio de la profesión, en el deporte, en la carretera, en el avión, ante las catástrofes naturales, los atentados, los accidentes, el paro, la jubilación, el envejecimiento, las guerras o los desengaños amorosos.

> Se produce sufrimiento cuando sentimos que nuestra integridad somática o psicológica se encuentra amenazada.
>
> ERIC CASSELL,
> *The New England Journal of Medicine*, 1982

En agosto de 2017, en Barcelona, he tenido ocasión de vivir prácticamente en directo un terrible ataque terrorista inesperado, similar al que antes habían sufrido Niza, París, Londres, Berlín y Estocolmo. Sentado ante el televisor junto a mi mujer —lo mismo que el 11 de septiembre de 2001, cuando vimos cómo se derrumbaban las Torres Gemelas de Nueva York ante nuestros ojos—, fuimos testigos mudos de la oleada de pánico y sufrimiento que recorría la ciudad, del insistente sonido de las sirenas de las ambulancias, del angustioso *tiempo de espera* detenido para los millares de personas refugiadas durante horas en tiendas y grandes almacenes tras el gran cordón policial o en el interior de sus coches inmovilizados en los cinturones de Ronda. Trece muertos (solo en las Ramblas), 130 heridos de 35 nacionalidades diferentes, gritos e intentos desesperados de huida hacia ninguna parte ante la embestida de una camioneta blanca por la avenida peatonal más concurrida del centro de la ciudad.

Los grandes titulares de la prensa del día siguiente hablaban, gritaban, por sí solos: «Terror en Barcelona», «Matanza terrorista en la Rambla de Barcelona», «Rambla de sangre», «En la diana de la yihad» y, estrechamente relacionados con el tema del presente capítulo: «La espera al otro lado de la persiana», «La ciudad, una jaula», «Tres horas de terror». Leemos en un artículo de *El País* una descripción de lo sucedido en aquellos momentos: «En un bar de la calle dels Àngels, varios clientes estuvieron a punto de llegar a las manos en una discusión a gritos sobre si abrir o no la persiana a un grupo de tres personas que histéricamente golpeaban la puerta suplicando poder entrar... Mientras el dueño miraba absorto sin controlar la situación, alguno de los presentes levantó la persiana dos palmos y tres hombres entraron arrastrándose y se escondieron detrás de la barra», y en otro relato de *La Vanguardia* que hace referencia a un establecimiento distinto: «La gente ha entrado en la tienda y las sillas han empezado a saltar por los aires, algunos dan vueltas por el interior del local sin saber adónde dirigirse... Un policía nos ha pedido que bajáramos la persiana mientras la gente solo lloraba y chillaba».

> Y de pronto, una calle sin salida,
> un golpe seco en los cristales: alguien
> sin un pasado aún, ya sin mañana
>
> JOAN MARGARIT,
> poeta

Paralelamente al pánico de algunos, las reacciones de otros ciudadanos fueron serenas y altruistas: en los hospitales se formaron largas colas de personas que deseaban dar sangre, los taxistas se pusieron gratuitamente al servicio de la población al suprimirse los servicios públicos de autobuses y metro, los hoteles abrieron sus puertas a turistas desconcertados que no sabían dónde guarecerse y fueron bastantes los sanitarios, transeúntes y dependientes que acudieron a las Ramblas para prestar todo tipo de ayuda. Tras el *shock* emocional ante la amenaza desconocida, hubo una respuesta colectiva racional expresada a las pocas horas en una concentración de 100.000 personas que ocupó por completo la plaza de Cataluña y prorrumpió espontáneamente en un grito unánime que recorrió las calles de la ciudad: «*No tinc por!*» (¡No tengo miedo!), y aplaudió el buen hacer policial durante las *largas* horas en las que la ciudad estuvo paralizada.

Los largos tiempos de espera

Hace pocos años, en una investigación multicéntrica realizada en quince hospitales, trece españoles y dos latinoamericanos, con cerca de cuatrocientos enfermos de cáncer y sida al final de la vida, nos encontramos con un dato muy interesante: el 85,5 % de los que decían encontrarse «Regular», «Mal» o «Muy mal» manifestaban que el tiempo se les hacía «Largo» o «Muy largo», mientras que el 76,6 % de los que decían que en aquel momento se encontraban «Bien» o «Muy bien» señalaban que el tiempo se les hacía «Corto» o «Muy corto».

Al preguntarles «¿Por qué?», no fue difícil establecer con sus respuestas una clasificación provisional que luego pudo ser consolidada ante resultados similares obtenidos en investigaciones paralelas llevadas a cabo con personas sanas, estudiantes, atletas y profesionales sanitarios.

El tiempo subjetivo se percibe de mayor duración que el cronométrico en cualquiera de las siguientes condiciones:

1) La situación presente se percibe amenazadora.
2) El estado de ánimo es ansioso o deprimido.
3) Se está a la espera de que ocurra algo que la persona considera de gran importancia para ella.

En el caso de que se deduzca que el contexto en el que la persona vive o ejerce su trabajo le resulta desagradable —para lo cual, en bastantes ocasiones, será suficiente con observar su comportamiento—, puede ser necesario plantearse cambios en el entorno o actividad que realiza, ya que, probablemente, esa persona esté «quemada» o se haya equivocado de pareja, empresa, carrera o profesión. Este tipo de observación puede ser sencillo: en una empresa, universidad, hospital o servicio público, se traducirá en bajas frecuentes e injustificadas, impuntualidad al comienzo de la jornada, alargamiento de los momentos autorizados de pausa y, sobre todo, disimuladas y frecuentes miradas al reloj al acercarse el momento de terminar la jornada de trabajo. Si la persona no está a gusto en el hogar —es una observación interesante para los padres que tienen hijos adolescentes—, intentará permanecer en casa el menor tiempo posible. En tales circunstancias, el tiempo se vuelve interminable y, casi instintivamente, las personas tratan de evitar el entorno donde se ha desarrollado gran parte de su vida y permanecen alejadas de él el mayor tiempo posible.

Cuando alguien está pendiente de algo —sea la hora de salida del trabajo o de que abran la taquilla del cine o la discoteca—, parece que el tiempo no se mueve. Escribe Umberto Eco: «Cuando el ordenador tarda un minuto en completar una operación, este minuto es terrible, no acaba nunca de pasar». Lo cual está plásticamente expresado en el refrán popular «Mirar la leche impide que hierva». Si se distrae por cualquier motivo —recibe una llamada telefónica en el móvil, por ejemplo—, el tiempo entonces vuelve a avanzar con una rapidez inusitada.

En cuanto a la espera de algo que se considera importante, sea un diagnóstico médico, una reunión conflictiva, el resultado de una oposición, una entrevista de trabajo, la noticia de un accidente o atentado o una cita romántica, debemos tener presente que esperar comporta siempre: a) una amenaza: que la noticia, cambio o persona que esperamos no lleguen o no sean los que esperamos, y b) una falta de control sobre cuándo llegarán.

En una película italiana —*Las llaves de casa*— se describe el drama relacional de los padres con hijos aquejados por graves sequelas que aparecen ante ellos como libros cerrados a toda lectura y comprensión. En el transcurso del film, en un hospital de Berlín especializado en la evaluación y tratamiento de enfermedades neurológicas, se produce el diálogo fortuito entre un padre sin experiencia que durante años no ha querido saber nada de su hijo con la madre de una adolescente que ha permanecido pendiente de ella toda la vida.

—¿Qué puede hacerse? —pregunta el padre, angustiado.

—Solo puede hacerse una cosa: esperar —responde la madre—. Esperar que en algún momento te mire a los ojos, esperar que regrese desde el mundo desconocido que habita.

En una revista médica de 2013, por otra parte, hemos encontrado el testimonio siguiente:

Papá murió al cabo de los 25 días de su ingreso, podrido por una infección, y nosotros continuamos preguntándonos si todo lo ocurrido era necesario. Si al cabo de 72 horas ya se podía saber que era irreversible y que el pronóstico era la muerte, ¿era necesario que a esta persona la retuviesen 22 días dándole de comer sin posibilidad de deglutir, poniéndole lavativas diarias, sufriendo dos veces la necesidad de orinar hasta llegar a un globo vesical, administrándole medicamentos para prolongar la vida y, finalmente, despidiéndose de su familia en tres ocasiones?

En el ámbito sanitario, muchas *esperas* aparentemente inútiles e incluso crueles que dimanan de protocolos establecidos para un hipotético caso medio a veces son inapropiadas y suelen comportar mucho *sufrimiento*. Cada individuo es único y sus necesidades pueden ser diferentes de las que marca el protocolo.

En una investigación realizada conjuntamente por la Universidad de Harvard y la Fundación Josep Laporte sobre el funcionamiento del servicio público de salud español en una muestra representativa de ciudadanos adultos, y cuyos resultados fueron dados a conocer antes de la última crisis económica, se detectó que, en aquel momento, el principal problema no radicaba en la calidad de la asistencia sanitaria que se recibía, sino en los *tiempos de espera*.

En efecto, al preguntarles a los ciudadanos cuáles eran los problemas más importantes de nuestro sistema sanitario público, la mayor parte de las respuestas confluyeron libremente en el ámbito de los tiempos de espera. Las cuatro respuestas más frecuentes fueron:

1) Las listas de espera en general (29 %).
2) Las listas de espera para especialistas (17 %).
3) Las listas de espera para intervenciones quirúrgicas (14 %).
4) Las listas de espera para médicos de familia (11 %).

Siempre los tiempos de espera. Los demás aspectos (calidad de asistencia, falta de atención, financiación, organización...)

solo consiguieron reunir, cada uno de ellos, menos del 10 % de respuestas y es de señalar que entre estos últimos también se encontraban: «Tiempo de espera en urgencias», «Listas de espera para revisiones» y «Lentitud». En otras palabras: el tema más importante que afectaba a la satisfacción de los ciudadanos españoles en relación con su sistema de salud, antes de los recortes sanitarios de la última crisis, era la falta de atención médica *en el momento en que se deseaba*. Ante esta realidad, que posiblemente en los últimos años se ha acentuado, creo que deberíamos preguntarnos por qué para el paciente tienen tanta importancia los tiempos de espera. Y la respuesta no es difícil de encontrar: para los enfermos o candidatos a enfermo, también para muchos familiares, *los tiempos de espera son tiempos de sufrimiento*.

La amenaza que representa para alguien la posibilidad de padecer dolores, enfermedades o lesiones puede ser tan profunda que llegue a igualar los efectos reales que estos tendrían sobre su cuerpo.

Informe Hastings, 1996

Puede experimentarse dolor sin sufrimiento cuando, por ejemplo, una mujer está dando a luz a un hijo deseado en un parto normal y experimentar sufrimiento sin dolor en circunstancias de pérdida, incapacidad, marginación, acoso o incertidumbre.

> Montse se sentía sola, asustada y sufría intensos dolores. Nadie le explicó lo que ocurría... Un médico entró en los boxes seguido por un grupo de estudiantes y todos se colocaron a su alrededor... El hecho de que hablaran de ella en su presencia pero sin prestarle atención, hasta el punto de no saludarla en ningún momento, hizo que se sintiera humillada.
>
> De un caso mencionado en
> *Medicina Clínica,* 115 (4), 141-144

Los cortos tiempos de felicidad

Por el contrario, el tiempo se nos hace corto o incluso desaparece en dos circunstancias:

a) Cuando somos plenamente *felices,* nos sentimos a gusto con nuestra pareja, con los amigos, los hijos, hemos culminado con éxito un trabajo, encontramos sentido a nuestra vida, tenemos la fundada esperanza de que algo agradable va a suceder, etcétera.

> Esta mañana, amor, tenemos veinte años.
>
> RAFAEL ALBERTI,
> escritor

b) Cuando estamos *absortos en una tarea,* tanto si esta consiste en elaborar un diagnóstico médico como en diseñar unos planos, arreglar la avería de la lavadora, coleccionar sellos, sembrar patatas, escribir una novela, componer música o beber una taza de té.

Desde el punto de vista de la temporalidad, observamos que, en el interior de cualquier hospital, por ejemplo, encontramos dos tipos de persona: los enfermos y sus familiares, de una parte, y los profesionales sanitarios, de otra. El vestíbulo suele estar presidido por un gran reloj que, aparentemente, mide el mismo tiempo para todos. Sin embargo, los primeros suelen tener una percepción alargada del tiempo, siempre esperando algo: el resultado de una analítica, la visita del médico, que cese el dolor, que les den el alta... Para los segundos, en cambio, para los profesionales sanitarios —a no ser que estén «quemados», tengan condiciones de trabajo inadecuadas o se hayan equivocado de profesión—, su percepción del tiempo se acorta, ya que están absorbidos por tareas que acaparan toda su atención: proporcionar buenos diagnósticos y buenas terapias, administrarlas correctamente...; acaban la jornada laboral y el día se les ha hecho corto, todavía quedan muchas cosas por hacer: informes que cumplimentar, llamadas telefónicas que realizar, problemas que estudiar, familiares que atender.

Es importante que los profesionales —en especial, médicos y enfermeras— tengan siempre presente este fenómeno de la distorsión subjetiva del paso del tiempo y piensen que para los enfermos y familiares su vivencia del tiempo no es la que ellos perciben ni la que marca el reloj, sino un tiempo estimado como de mayor duración que la real. Así, si el médico se retrasa en la visita, es oportuno informar lo más rápidamente posible al enfermo para cambiar una espera incierta —«¿Se habrá olvidado el doctor de mí?»— por una espera cierta: «El doctor lo siente, pero ha tenido que atender una emergencia: lo atenderá después de las siete».

En casos muy graves, como en el de los niños internados en una unidad de cuidados críticos pediátricos, una de las cosas que, subjetivamente, los padres toleran peor es un retraso de pocos minutos en la aparición de los médicos que deben informarles a unas horas determinadas —por ejemplo, a la una y a las ocho de la tarde— sobre la evolución clínica de sus hijos.

En la investigación hospitalaria multicéntrica antes mencionada, la minoría de enfermos al final de la vida que indicaban que el tiempo transcurrido les había parecido corto no era porque hubieran recibido la noticia de que les había tocado la lotería, sino por razones tan sencillas como la visita de un hijo, la autorización del médico para salir al jardín a tomar el sol, la llamada telefónica de un amigo o la información de que el próximo fin de semana podrían pasarlo en su domicilio.

En la administración pública (o en sectores funcionalmente parecidos: empleados de banca u otras empresas de servicios) encontramos asimismo dos tipos de persona: los funcionarios y los ciudadanos que acuden a la ventanilla. Si a los primeros no les gusta su labor, si se aburren, si no entienden el importante sentido social de su trabajo, no es difícil adivinar que los trámites se lentificarán, se cometerán errores y será un desastre para todos: funcionarios que se aburren y ciudadanos que esperan. Películas como *Yo, Daniel Blake* (2016) pueden ayudarnos a comprender las consecuencias.

Es importante que los profesionales, los trabajadores, los ejecutivos, los policías, las secretarias, los vendedores, los repartidores sean conscientes de este fenómeno del acortamiento y alargamiento de la duración del tiempo en función de las circunstancias que concurren en las tareas que están llevando a cabo. ¡Qué importante es, a veces, para un enfermo, alguien que busca empleo, un niño extraviado, una palabra de ánimo o una simple sonrisa acogedora!

Durante *las esperas* vivimos el tiempo de manera inversa a cuando estamos activos: en lugar de estimar que nuestra vida tiende hacia el futuro es como si viéramos el futuro venir hacia nosotros y tuviéramos que limitarnos a esperar que este —a veces demasiado lentamente— se convierta en presente.

> Los médicos consumen más tiempo con los ordenadores que al lado de la cama del paciente... Cuando los cuidados de enfermería no son óptimos, la atención al paciente nunca es buena.
>
> ARNOLD S. RELMAN,
> editor jubilado de *The New England Journal of Medicine*

La espera y la esperanza

Es conveniente subrayar que *las esperas inciertas son más difíciles de soportar que las esperas cuyo término está perfectamente establecido*. Así pues, siempre que sea posible, una forma de paliar la ansiedad y el estrés será *disminuyendo la incertidumbre* de los tiempos de la espera.

En este sentido, las compañías aéreas, por ejemplo, en caso de demora de los vuelos programados, al no proporcionar información inmediata, continua y honesta a los pasajeros que se encuentran en la sala de espera, están anulando la enorme cantidad de dinero que se gastan en eslóganes triunfalistas y grandes paneles publicitarios con sonrientes azafatas. Eliminar, disminuir o aliviar las esperas inciertas, tanto en los aeropuertos como en sanidad, tanto en la administración pública como en las empresas privadas, debería constituir un objetivo absolutamente prioritario para los responsables de su gestión.

Con el fin de ilustrar la estrecha dependencia entre tiempo, incertidumbre y sufrimiento echaré mano de un relato aparecido en la revista *The New England Journal of Medicine*. Su autor es Ted, un antiguo médico residente, el cual cuenta que un ventoso día de febrero recibió la llamada de su prometida Mei —otra residente—, la cual le informaba, con voz distante y apagada, que se acababa de inyectar accidentalmente sangre infectada con VIH procedente de un enfermo con sida al que atendía. «Hasta aquel fatídico momento —comenta Ted—, Mei nunca había considerado su propia condición mortal. Los pacientes podían morir a su alrededor, pero, como muchos jóvenes médicos, se sentía inmune a las enfermedades. Tras el accidente, al reproducirlo en su mente centenares de veces, paseando y descansando, se vio a sí misma súbitamente vulnerable y sintió la proximidad de la muerte.» Habían planeado casarse, ver mundo, crear una familia y, de pronto, todos los sueños se desvanecían. Tres meses más tarde, las pruebas fueron negativas, y lo mismo ocurrió a los seis meses y al año. Ha pasado ya mucho tiempo desde aquel pinchazo; Ted y Mei se han casado y Ted se ha dedicado a tratar a pacientes afectados de VIH. El accidente, el cual supuso para la pareja la primera confrontación con lo inevitable de su propia muerte y la vivencia ansiosa de la espera incierta de los resultados de las analíticas a lo largo de meses, significaron también el aprendizaje de una inestimable lección: «Cómo empatizar con un paciente que teme lo peor».

La espera incierta de una prueba clínica cuyo resultado puede suponer un diagnóstico de cáncer, párkinson o alzhéimer, la aparente lentitud de recuperación de una lesión importante en un deportista profesional o la sospecha de un posible despido suponen sufrimiento para el afectado y, subjetivamente, tienen una duración mayor que el tiempo cronométrico.

> Basta un solo día para vivir los horrores del infierno; hay tiempo suficiente para ello, decía Wittgenstein.
> Yo los viví en media hora.
>
> IMRE KERTÉSZ,
> superviviente de Auschwitz
> y premio Nobel de Literatura 2002

Por el contrario, ¡qué cortos se nos hacen los fugaces momentos de felicidad!

> El amor a la vida es casi contrario al amor a la longitud de vida. Todo amor piensa en el instante y en la eternidad, pero nunca en la «longitud».
>
> FRIEDRICH NIETZSCHE,
> filósofo

Decía Jacques Brel, el gran cantautor belga de mi juventud, que hay dos tipos de tiempo: el de *la espera* y el de *la esperanza*. Para terminar este capítulo, me gustaría detenerme un momento en la diferencia que existe entre ambas. Como señala Denis Landry, un psicólogo de Grenoble:

En la esperanza, desde un punto de vista temporal, el movimiento es vivido en el mismo sentido que la espera, es decir, del futuro hacia el presente. Existe, desde luego, una parte de espera en la esperanza, ya que «confío que se haga realidad lo que espero». Pero la esperanza va mucho más lejos de la espera, ya que permite desprenderse de la inmediatez de la angustia, y contemplar, más allá de lo que se espera, lo hermoso que la vida puede ofrecer en un futuro más lejano.

Reflexiones al final del capítulo

1) Surge la vivencia de *sufrimiento* cuando se reúnen dos condiciones: la persona percibe un estímulo o situación como una *amenaza* importante para su integridad somática o psicológica y se siente *impotente*, sin recursos, para hacer frente a dicha amenaza.

2) *Esperar* comporta siempre: una *amenaza*, que la noticia, cambio o persona que se espera no lleguen o no sean lo que se esperaba, y una *falta de control* sobre cuándo llegarán. Los tiempos de espera pueden generar estrés o sufrimiento.

3) Las *esperas inciertas* son más difíciles de soportar que aquellas cuyo término está bien establecido. Cuanto más importante sea lo que se espera, mayor estrés o sufrimiento se experimentará. En estos casos, la duración del tiempo interior se percibe como más dilatada que el tiempo cronométrico.

4) La percepción de la duración del tiempo se acorta o desaparece en dos circunstancias: cuando uno es feliz o cuando está totalmente absorto en una tarea.

5) La aceptación serena de la enfermedad, el envejecimiento, las pérdidas y la proximidad de la muerte

nos ayuda a gestionar el tiempo de vida del que disponemos.

> ¡Quiero flores que duren en mis manos!
>
> Cuacuauhtzin,
>
> poeta

> Hoy es siempre todavía.
>
> Antonio Machado, 1927
>
> poeta

4.
Cómo detener el tiempo

> Si no le prestamos atención, el tiempo no existe.
>
> Mircea Eliade,
> *The myth of the eternal return,* 1954

En el capítulo 2 mencionábamos la existencia de estrategias mediante las cuales una persona podía abandonar momentáneamente su participación en el río que fluye desde el pasado hacia el futuro, detener el tiempo y permanecer fuera de él en un paréntesis aparentemente atemporal.

En nuestra sociedad, muchos empresarios, ejecutivos, publicitarios, artistas y agentes comerciales entran en lo que consideran la «temible madurez de los cincuenta» y viven pendientes del reloj, del calendario, de la agenda, del móvil. De hecho, sin apenas darse cuenta, se han convertido en esclavos incapaces de escapar a su control.

A medida que se hacen mayores, muchos hombres y mujeres de las sociedades occidentales se debaten, cada vez más, entre mil intentos para suprimir de su cuerpo los síntomas visibles del envejecimiento (grasa, arrugas, calvicie, flacidez, pérdida de memoria) haciendo gimnasia, practicando deporte, siguiendo dietas, sometiéndose a sesiones de bronceado, implantes de cabello, tomando vitaminas, tiñéndose el pelo o colocándose en manos de cirujanos plásticos. Y, en medio de este combate sin tregua, ocasionalmente, suelen volver la vista, con nostalgia y envidia, hacia unos años jóvenes en los que poseían la maravillosa capacidad, aparentemente perdida para siempre, de despreocuparse de los efectos de espejos y michelines para dedicarse por completo a competir en el trabajo y al *carpe diem* (¡Disfruta el momento!) durante el ocio.

—Para tener 60 años goza usted de una extraordinaria salud —le dice un médico a su paciente.

—¿Quién le dijo que tengo 60? Cumplí 83.

—¡Caramba, entonces su padre debió ser longevo!

—¿Quién le dijo que mi padre murió? Tiene 104.

—¡Válgame Dios! —exclama el médico y agrega—: ¿Cuántos años vivió su abuelo?

—No le dije que haya muerto. Tiene 121 años. Además, piensa casarse el mes que viene.

—¿Por qué quiere contraer matrimonio un hombre de 121 años? —pregunta el médico.

—¿Quién le dijo que quiere? Lo obligan.

CAMILO TORRES SERNA

¿Qué pasa con el motor?

En España —nos recuerda Maite Nieto— nos gastamos anualmente muchos millones de euros en cosmética y somos líderes europeos en intervenciones de cirugía estética. El número de gimnasios ha aumentado los últimos años de forma notable y la fiebre *spa* se ha convertido, para algunos, en una obligación. Resumiendo: existe preocupación por la *fachada* y el cuidado del cuerpo es un negocio en auge. Pero ¿qué pasa con el motor?

Al deportista profesional que está llegando a la edad de jubilarse, a cualquier persona, no importa la edad, que ha sobrevivido a un infarto o a la que se diagnostica un cáncer le entra, de pronto, un miedo repentino: «¿Cuánto tiempo me queda?». El tiempo se hace omnipresente como un bien escaso y la vivencia de su duración se intensifica como algo que está desapareciendo a gran velocidad. En estas condiciones, es fácil que en muchas personas aparezca la ansiedad, incluso la desesperación, la urgencia imperiosa de detener un tiempo que transcurre rápido e inexorable y, en casos extremos, el impulso de abandonar la partida y adelantar la nada.

Independientemente de la tarea de disimular y maquillar la edad, ¿cabe la posibilidad de que podamos suprimir esta sensación de fina arena temporal que, sin poder retenerla, se filtra continuamente entre los dedos? ¿Es posible cambiar esta vivencia de precariedad temporal y conseguir que la persona aproveche cada momento de su vida con intensidad, sin la interferencia del recuerdo de un pasado tal vez desperdiciado y unas amenazadoras expectativas de caducidad?

El tiempo transcurre lentamente cuando lo observamos. Se siente vigilado. Pero aprovecha nuestras distracciones. Tal vez incluso existan dos tiempos: el que observamos y el que nos transforma.

ALBERT CAMUS,
Carnets (1935-1942), 1962

Existe, de hecho, un amplio abanico de técnicas subjetivas para detener la vivencia del paso del tiempo, muchas de ellas centradas en el uso de la atención plena (*mindfulness*) o en estrategias de visualización, relajación y distanciamiento. El primer paso siempre es la aceptación de la realidad: tenemos la edad que tenemos, aunque a veces no caemos en la cuenta de que lo importante no son los años que se cumplen, sino el grado de *autonomía* del que disponemos, con independencia de la edad, para realizar en cada momento aquellas actividades que consideramos importantes. Y nuestra autonomía varía mucho con la genética y la biografía. El día que cumplía cien años, un periodista le preguntó por su edad al arquitecto Oscar Niemeyer, el visionario constructor de Brasilia, y este le contestó: «Sesenta años». «¿Sesenta años?», se sorprendió el periodista. «Sí, porque estoy haciendo lo mismo que cuando tenía sesenta años.» ¡Olvida tu edad!

Estrategias que ayudan a gestionar mejor el tiempo

> El tiempo puede congelarse, pero nunca rebobinar.
>
> De la película *Cashback*, 2006

Si reflexionamos un momento en lo que sucede cuando evocamos imágenes virtuales, veremos que la mayor parte de las veces nos sentimos simples observadores de ellas. Somos conscientes de que las estamos contemplando como meros espectadores. Mientras lo hacemos, la sensación que tenemos del tiempo como proceso dinámico secuencial compuesto de pasado, presente y futuro parece quedar en suspenso; no experimentamos ni la sensación de duración ni la urgencia de la prisa, aunque, claramente, veamos que las imágenes siguen cambiando. Cuando reproducimos una escena de nuestro pasado, por ejemplo, la percepción del tiempo presente como algo lineal se interrumpe y desaparece y la secuencia de escenas imaginadas se sucede, como en una película, al margen de la vida.

Es común a la mayor parte de terapias para el tratamiento de la ansiedad que, con el fin de incrementar su eficacia, la visualización se adapte a las preferencias y valores de cada individuo. Al practicarlas, el sujeto abandona la sensación de paso del tiempo para sumergirse en la observación de unos fenómenos que, simplemente, están ahí. Con independencia de la imagen evocada, todas las personas coinciden en que, al visualizarla, cambian su forma habitual de percibir el tiempo y que, al convertirse en observadores, pierden la conciencia del paso del tiempo y se serenan.

Resolver crucigramas, sudokus, puzles, juegos de ordenador o practicar la realidad virtual, por ejemplo, son actividades que, momentáneamente, participan de esta capacidad de anulación del tiempo y, quizás por ello, se dice de quienes las realizan que se dedican a «matar el tiempo». Practicar algo de forma repetitiva —como hacer punto o rezar un rosario— permite salirse del tiempo de la vida en la medida en que uno se absorbe en la tarea. En este contexto, tal vez no resulte sorprendente que las principales religiones hayan prescrito siempre prácticas rituales, cánticos, oraciones y meditación como medios para salir del entorno perturbador de los quehaceres cotidianos y acercarse al descubrimiento espiritual.

El solo hecho de entrar en una iglesia, silenciosa, en penumbra, en medio de la vorágine de la ciudad, ya supone una especie de estímulo discriminativo que nos ayuda a profundizar en una realidad diferente.

La paz del *sabbat*, de este tiempo detenido, de este tiempo fuera del tiempo, era palpable, lo impregnaba todo...

OLIVER SACKS, 2015
neurólogo

El profesional sanitario que atiende a alguien que padece dolor, si quiere ser completamente eficaz, debe hacer algo más que dispensar analgésicos —«La morfina por correo no funciona», solía decir Marcos Gómez, uno de los médicos pioneros de los cuidados paliativos en España— y convertirse en una especie de guía que ayude al paciente a deliberar y a recorrer el sendero de su vida hasta alcanzar un punto de serenidad en el que el tiempo se aleja y el dolor deja de acaparar su atención. Escuchar activamente al enfermo es esencial.

> Solo puede escuchar quien se olvida esporádicamente del reloj.
>
> STEFAN KLEIN, 2006
> escritor

La respuesta de relajación

Tras un análisis de diversas técnicas —entrenamiento autógeno, yoga, meditación, *biofeedback*, relajación progresiva, hipnosis, etcétera—, se observa que la mayoría de ellas suelen tener como objetivo, o efecto secundario beneficioso, lo que se ha dado en llamar *respuesta de relajación*. Herbert Benson, profesor de la Facultad de Medicina de la Universidad de Harvard, especifica en qué consiste: «Por respuesta de relajación nos referimos a la capacidad del cuerpo para entrar en un estado, científicamente definible, que se caracteriza por una reducción general de la velocidad del metabolismo, una disminución de la presión sanguínea, del ritmo respiratorio y cardíaco y la emisión de ondas cerebrales más nítidas y más lentas». En muchas ocasiones, la relajación se utiliza para evitar, eliminar o paliar los efectos desagradables o dañinos del estrés; en el fondo, lo que hacen la mayor parte de estas técnicas es trasladar la ubicación del yo desde el mundo incierto en el que discurre la vida a un observatorio privilegiado desde el que se la ve transcurrir.

De acuerdo con Benson, la relajación es más eficaz en el contexto de lo que él denomina «factor fe», el cual implica tener en cuenta que se induce la respuesta de relajación en una persona concreta con un conjunto de premisas ideológicas, filosóficas o religiosas arraigadas en su biografía. Lo que Benson llama «factor fe» suele conocerse en el campo de la salud como *efecto placebo,* fenómeno bien conocido en la investigación farmacológica humana.

Turner y sus colaboradores escriben en *JAMA,* revista de la Asociación Médica Americana, que la administración de cualquier tratamiento, incluida la cirugía, tiene efectos fisiológicos y psicológicos en el paciente, y dichos efectos se encuentran interrelacionados: «Siempre que el paciente y el clínico perciben que el tratamiento es eficaz se originan efectos placebo [...]. Los efectos placebo actúan sinérgicamente con los efectos del tratamiento activo influyendo en el curso de la evolución natural de la enfermedad [...]. Los síntomas, la enfermedad y sus cambios a lo largo del tiempo reflejan las complejas interacciones entre los procesos anatómicos y neurofisiológicos, por una parte, y los factores cognitivo-conductuales y ambientales, por otra».

Sin olvidar que para obtener los máximos beneficios de las diferentes técnicas que inducen estados de relajación conviene adaptarlas al propio sistema de valores y expectativas de las personas que van a utilizarlas, vamos a tratar de observar los elementos que tienen en común muchas de ellas. Para ello, seguiremos las etapas que nos señala Benson.

El *primer paso* consistirá en elegir una palabra o frase corta que, en lo posible, posea para cada individuo un profundo significado personal. Los hindúes que practican la meditación suelen utilizar los denominados *mantras,* y, posiblemente, uno de los más utilizados es la palabra «om». En nuestro medio, una palabra como «paz», «amor» o «mar», por ejemplo, puede ser adecuada para una persona de habla castellana, así como «*pau*» lo será para un catalán o «*shalom*» para un judío.

De hecho, aunque cualquier sonido o palabra que sea fácil de pronunciar y recordar puede ayudar a facilitar la relajación, si la persona concentra su atención en una palabra que guarda algún tipo de relación con sus valores o que tiene un significado importante para ella, le será más agradable y fácil su repetición, y se incrementa la probabilidad de que la use. Además, una vez la haya practicado con asiduidad en las condiciones óptimas para conseguir la respuesta de relajación, la sola evocación de la palabra personal utilizada habrá adquirido por mera *asociación temporal* (ver capítulo 6) el poder de suscitar, en alguna medida, la respuesta de relajación y, por ello, tranquilizar su espíritu.

El *segundo paso* consiste en la elección de una posición cómoda que interfiera lo menos posible en los pensamientos y que, a la vez, permita a la persona mantenerse sin adormilarse durante espacios de tiempo suficientemente largos. Muchas personas utilizan para conseguirlo la denominada «posición de loto», con las piernas cruzadas y las manos apoyadas sobre las rodillas, aunque, de hecho, lo importante es que la columna vertebral quede erguida, lo cual también puede conseguirse, sin necesidad de cruzar las piernas, con la espalda apoyada en el respaldo de una silla. Hay también quien recomienda arrodillarse en un reclinatorio; en todo caso, lo esencial es que la posición, a la vez que confortable, ayude a mantener la atención. Es asimismo conveniente que las prendas de vestido o calzado no aprieten ni produzcan molestias.

El *tercer paso* se reduce a cerrar los ojos con suavidad sin apretar los párpados entre sí.

El *cuarto paso* comprende la relajación de los músculos, empezando por los pies y subiendo lentamente por las piernas y el abdomen. Hay que intentar eliminar en lo posible las contracciones de los hombros, el cuello y la cabeza, haciendo girar suavemente la cabeza y encogiendo levemente los hombros, así como estirar y relajar los brazos y las manos.

En el *quinto paso* hay que concentrarse en respirar con naturalidad, sin forzar el ritmo. Se repite en silencio la palabra elegida cada vez que se expulsa el aire de los pulmones.

El *sexto paso* consiste en mantener una actitud pasiva. Cuando la persona se encuentra en una posición cómoda repitiendo en silencio la misma palabra, pueden surgir pensamientos e imágenes perturbadoras o incluso sonidos imprevistos de tipo ambiental (una puerta que se cierra, un grito, la alarma de un coche que se dispara) o sensaciones desagradables (picor, dolor, sudor) procedentes del propio cuerpo. No hay que darles importancia ni plantearse si se está haciendo bien; la clave para afrontar con éxito estas interrupciones consiste en aprender a reaccionar ante ellas sin hacer esfuerzo alguno por rechazarlas o alejarlas. Si uno se da cuenta de que se ha distraído, puede limitarse a decir en voz baja: «¡Vaya!» —e incluso rascarse o arreglarse la ropa si es necesario— y volver a su palabra personal, como si nada ocurriera. Aunque estas distracciones sucedan a menudo, si consigue mantener la serenidad y volver a la palabra, los cambios fisiológicos suscitados en la relajación suelen producirse igualmente. Practicar la estrategia tiene que llegar a ser tan natural como el cepillado de dientes al levantarse por la mañana, proceso automático al que, habitualmente, apenas prestamos atención.

El *séptimo paso* se refiere a la conveniencia, siempre que sea posible, de realizar la práctica de relajación diariamente de diez a veinte minutos, pero sin controlar el tiempo a través de un avisador de cocina o un despertador, ya que su sonido podría sobresaltarlo e incluso aprendería a anticiparse a él y estos fenómenos podrían influir desfavorablemente en la necesaria actitud receptiva. En lugar de ello, coloque un reloj en un lugar bien visible y échele un vistazo de vez en cuando para ver si ya es la hora. Si el tiempo todavía no ha transcurrido, vuelva a cerrar los ojos y siga repitiendo la palabra. Una vez finalizada la sesión, deje de repetirla y permanezca tranquilamente en la misma posición un par de minutos con los ojos cerrados admitiendo los pensamientos o imágenes que vayan apareciendo. Finalmente, abra lentamente los ojos y siga sin moverse uno o dos minutos más. De no salir gradualmente del estado de relajación, a veces puede experimentarse una ligera sensación de aturdimiento que es posible evitar.

El *octavo paso* tiene por finalidad recordar la necesidad de llevar a cabo la práctica aproximadamente a la misma hora. Parece que lo más eficaz es hacerlo con el estómago vacío, antes del desayuno o de la cena. Benson nos recuerda que muchas plegarias religiosas y prácticas de meditación a lo largo de los siglos se han utilizado combinadas con alguna forma de ayuno.

Desde el punto de vista temporal, lo interesante, en nuestro caso, es que la técnica —de la que existen muchas variantes— permite a la persona que la practica abrir un paréntesis en su vida, paréntesis en el que el tiempo se percibe de forma diferente. Y que uno de los efectos de este paréntesis suele ser un aumento de la tranquilidad y la calma en el afrontamiento de los avatares de la vida.

Vivir plenamente el momento: *mindfulness*

> Si entendemos por eternidad no la duración infinita, sino la intemporalidad, entonces quien vive en el presente ya está en posesión de la vida eterna.
>
> LUDWIG WITTGENSTEIN,
> filósofo

En las prácticas de meditación (*mindfulness*), cuyas raíces se encuentran en antiguas tradiciones orientales, se promueve un estado de conciencia capaz de observar, momento-a-momento, los cambios que ocurren en nuestro interior como si el yo se hubiera desprendido de los acontecimientos de la vida y los contemplara de forma distanciada. El adiestramiento en las técnicas de meditación para la reducción del estrés, uno de cuyos mayores impulsores en Occidente ha sido Jon Kabat-Zinn, se ofrece desde hace algunos años en la Facultad de Medicina de la Universidad de Massachusetts como un complemento a los tratamientos médicos que recibe el enfermo de forma estructurada en un curso de 8 semanas. Su enseñanza se ha expandido a múltiples clínicas y hospitales de todo el mundo y en las últimas décadas se ha difundido notablemente en España a través de congresos, cursos y libros. Una práctica introductoria consiste, por ejemplo, en un ejercicio en el que se pide a los neófitos que tomen una uva pasa y se la coman con mucha lentitud, prestando atención plena a todo lo que ven, sienten, gustan, muerden, mastican, saborean y tragan. El mensaje que quiere transmitirse es que en el acontecimiento más simple de la vida cotidiana, la atención plena puede focalizarse de tal manera que se convierta en una experiencia nueva a la que nunca antes se había prestado atención.

> Si cuando uno está lavando los platos, está pensando en la taza de té que se tomará al acabar, está cultivando un modo de conciencia en el cual cuando está tomando el té estará pensando en el paseo que va a dar después... y, de este modo, nunca vive plenamente.
>
> Thich Nhat Hanh,
> maestro

> Si un labrador mira hacia atrás, no puede labrar. Tiene que olvidarse de todo, excepto del surco que está abriendo; solo así podrá labrar.
>
> Leon Tolstói,
> escritor

Otra técnica interesante y novedosa, con algún punto de contacto con la estrategia anterior, es la llamada «terapia de aceptación y compromiso» (ACT), en la que vienen trabajando, entre otros y desde hace algunos años, Hayes, de la Universidad de Nevada, Wilson, de la Universidad de Misisipi, y Carmen Luciano, de la Universidad de Almería: «¿Qué pasaría si todos esos pensamientos, emociones, recuerdos y estados corporales desagradables de los que hemos estado intentando librarnos con tanto esfuerzo no fueran problemas para analizar y resolver, sino simples eventos para ser percibidos, observados y apreciados, al igual que se observa el tranquilo transcurrir de un río en el fondo del valle desde la cima de la montaña?». Para ser observadores de la vida tenemos que salir del tiempo en el que esta se está desarrollando.

Carmen Martín Gaite, en el hermoso cuento «Desde su ventana a la mía», sugiere una manera poética de salir del tiempo:

En todos los claustros, cocinas, estrados y gabinetes de la literatura universal donde viven mujeres existe una ventana que es fundamental para la narración, de la misma manera que la suele haber también en los cuartos inhóspitos de los hoteles que pintó Edward Hopper... Basta con eso para que se produzca a veces el prodigio: la mujer que leía una carta o que estaba guisando o hablando con una amiga mira de soslayo hacia los cristales, levanta una persiana o un visillo, y de sus ojos entumecidos empiezan a salir enloquecidos, rumbo al horizonte, pájaros en bandada que ningún ornitólogo podrá clasificar, cazar ningún arquero ni acariciar ningún enamorado y que levantan vuelo hacia el reino inconcreto del que solo se sabe que está lejos, que no lo ha visto nadie y que acoge a todos los pájaros ateridos y audaces, brindándoles terreno para que hagan su nido en él unos instantes.

Esta percepción de ti mismo saliendo de tu propio tiempo de vida tal vez tenga lugar de forma extrema en los místicos. «Vivo sin vivir en mí», escribe san Juan de la Cruz. «El místico —señala Comte-Sponville— se reconoce en un cierto

tipo de experiencia, constituida por la evidencia, la plenitud, la simplicidad, la eternidad... Algo que apenas deja sitio
a las creencias.» La experiencia mística, que, sin duda, es
una vivencia universal y no es exclusiva de las religiones, nos
sitúa fuera del tiempo.

La periodista y escritora Rosa Montero trata de expresar
esta experiencia en un breve artículo que titula «La quietud»:

> Todos hemos vivido alguna vez esos momentos de rara emo-
> ción en los que el tiempo desaparece y la luz brilla... Instan-
> tes perfectos de armonía con el entorno, en los que tu indi-
> vidualidad y tu muerte pequeña se funden con el mundo.
> En estos momentos, lo sabes todo, lo entiendes todo, lo eres
> todo.

Reflexiones al final del capítulo

1) En nuestra sociedad, muchas personas viven angus-
   tiadas, en vigilia continua, pendientes del reloj, del
   calendario, de la agenda, con la sensación persistente
   de que el tiempo se les escapa.
2) Existen diversas estrategias que pueden ayudarlas a
   introducir serenidad en su vida. La mayor parte tienen en común el uso intencionado de la atención
   plena, la visualización y el distanciamiento. Si reflexionamos un momento en lo que sucede cuando
   evocamos imágenes mentales, veremos que la mayo-

ría de las veces nos sentimos meros espectadores de ellas.

3) Para convertirnos en observadores de nuestra propia vida, hay que abrir un paréntesis y salir del tiempo de duración en la que se está desarrollando.

4) La experiencia mística, que no es exclusiva de las religiones al uso, nos sitúa fuera del tiempo percibido. En ella, no hay ego, ni separación, ni juicios de valor. El misterio se hace presente en una comunión mágica, perfecta.

El pasado no es, puesto que ya no es. El futuro no es, puesto que no es todavía. Solo existe el presente, que no deja de cambiar, pero que sigue siendo y permanece presente. ¿Quién ha vivido nunca un solo ayer? ¿Quién ha vivido nunca un solo mañana? Siempre es hoy. Siempre es ahora.

ANDRÉ COMTE-SPONVILLE,
filósofo

5.
La trampa de la inmediatez

Todo el mundo sabe que los ingleses acudieron a la Persia Meridional movidos por el deseo de beneficiar a sus habitantes, pero es dudoso que la preocupación por su bienestar hubiera sido tan grande de no habitar un país repleto de petróleo.

BERTRAND RUSSELL,
filósofo

La dimensión temporal del ser humano posee muchas facetas diferentes cuyo estudio ha sido apenas iniciado. En las páginas precedentes se ha hablado de la incidencia que tienen en el sufrimiento los tiempos de espera inciertos y de algunas de las estrategias asociadas a su mejor gestión. En el presente capítulo desearía abordar la *importancia de la dimensión temporal* en otro aspecto de gran relevancia, tanto en el mundo profesional como en el de la vida cotidiana: *la toma de decisiones*.

El neurocirujano Henry Marsh subraya que, en el caso

de un tumor cerebral, «operar es la parte más fácil... Las dificultades tienen que ver con la toma de decisiones».

Tanto los hospitales como los pueblos, las empresas, los partidos políticos, los bancos, las iglesias, los ejércitos o los clubes deportivos, por citar solo algunos ejemplos, carecen de sistema nervioso. No sienten, no piensan, no sufren, no se alegran, no experimentan orgullo ni se sienten humillados, no toman decisiones. Son los individuos concretos que forman parte de estas instituciones, grupos o comunidades los que sí lo hacen, y sus dirigentes individuales son los motores que los mueven, con mejor o peor fortuna. Por muchos símbolos, logotipos, eslóganes, rituales, discursos, banderas y bandas de música que les pongamos, solo son entes o construcciones virtuales producto de la imaginación humana. Si las personas experimentan emociones ante ellos —e incluso están dispuestos, en algunos casos, a morir—, es debido, en gran medida, a meras *asociaciones temporales.*

Yo no amo a los pueblos, yo quiero a mis amigos.

HANNAH ARENDT,
filósofa

Es el individuo, cada individuo —no el grupo, no la entidad, no la ciudadanía, no el pueblo—, el que tiene que decidir cómo hacer frente a las pérdidas, sus pérdidas; al sufrimiento, su sufrimiento; a la muerte, su muerte.

> Dejemos, pues, que los patriotas exaltados preparen guerras, tratados, nuestra lápida y sus estatuas, y hablemos de lo importante: mi abuelo.
>
> GONÇALO M. TAVARES,
> dramaturgo

Toma de decisiones en la complejidad

Nuestras sociedades son complejas. Y los hombres y mujeres que las formamos, también. Cada uno de nosotros somos producto, en gran medida, de la selección natural que durante millones de años ha modulado nuestros cuerpos y nuestros destinos. Si no lo fuéramos y si recientemente, en la larga historia del ser humano, no hubiéramos aprendido, aunque en muchas ocasiones de forma imperfecta, a gestionar el tiempo y el esfuerzo, es probable que, como grupo, ya habríamos desaparecido.

Situados en el plano individual, el ser humano, cada ser humano, si no dispone de información sobre los riesgos reales que conllevan muchas de sus decisiones y carece del grado suficiente de espíritu crítico independiente, es lógico que, en la actualidad, se implique en comportamientos peligrosos para su salud y su vida en el ámbito de las drogas, la conducción temeraria de vehículos, el abuso de alimentos rebosantes de colesterol, los deportes de riesgo, dudosas

operaciones en bolsa o el establecimiento de relaciones sexuales con personas desconocidas. Los expertos coinciden
en que la información debe ser el primer peldaño para valorar, prevenir o evitar las conductas de riesgo. La información es necesaria, pero ¿es suficiente? ¿Por qué personas in-
teligentes que disponen de excelente información caen en el
alcoholismo, se mantienen esclavas del tabaco, conducen
con exceso de velocidad, son incapaces de seguir una dieta,
se convierten en adictas a los móviles, se arruinan en los casinos, caen en la corrupción, se enrolan en bandas de delin-
cuentes o sectas dogmáticas o se exponen a contraer el VIH?

La respuesta, siquiera sea incompleta e insatisfactoria,
la encontramos, una vez más, en la *dimensión temporal* de
las relaciones que mantienen los seres humanos individuales con el entorno físico y afectivo con el que interac-
túan.

El elemento crítico en bastantes decisiones suele residir
en las características de *inmediatez* de las consecuencias
agradables que reporta la práctica de los comportamientos
de riesgo en comparación con la demora del placer que suponen los comportamientos de prevención. El consumo de
una droga (sea tabaco, alcohol, marihuana, cocaína o heroí-
na), la alegría compartida con «los nuestros» o la violencia
verbal compartida contra «los otros» proporcionan, de forma casi segura y prácticamente inmediata, una sensación
agradable o un alejamiento de un estado desagradable; en
muchos seres humanos, conducir a velocidad elevada y adelantar a otros vehículos, sentirse apoyado por el grupo en el

desarrollo de una misión patriótica «sagrada» o practicar actividades deportivas de alto riesgo (lanzarse al vacío embutido en un traje con alas, por ejemplo) suele inducir, asimismo, una sensación sumamente satisfactoria, algo que también puede suceder, con menor intensidad, en la práctica de algunos videojuegos.

Tomando la calada como la unidad básica que proporciona refuerzo, se ha estimado que una persona que fuma un paquete de cigarrillos diariamente se autoadministra unos 70.000 refuerzos inmediatos al año.

W. A. HUNT y J. D. MATARAZZO,
psicólogos

En resumen, para entender nuestra frecuente falta de coherencia entre la información de que disponemos y los comportamientos que practicamos, el énfasis debe colocarse no tanto en el contenido de la información como en la *inmediatez* de las consecuencias placenteras que puede proporcionarnos la práctica de las conductas de riesgo.

Cuando un hombre puede elegir de qué alimentarse, no elige lo que conviene a su salud, sino sencillamente aquello que le gusta.

A. BENDER

La actividad sexual como metáfora

> Si veo pasar un mamut, salgo corriendo; si me dicen que pa-
> sará dentro de 15 años, no me muevo.
>
> DOMINIQUE BOURG,
> filósofo

Para que se vea más clara la importancia del factor temporal, supongamos por un momento que dispusiéramos de datos epidemiológicos completos sobre las prácticas heterosexuales de un país determinado: número de coitos, frecuencia de uso de métodos anticonceptivos, errores que se cometen en su uso, periodo de fertilidad de las mujeres involucradas, etcétera; supongamos, asimismo, que fuéramos capaces de calcular la probabilidad de tener un hijo en función del número de coitos; así, por ejemplo, en este país imaginario, se concebiría un niño cada 500 coitos. Aunque sea trasladándonos a este hipotético país de ciencia ficción, ¿qué creen ustedes que ocurriría si, manteniendo sin variación esta probabilidad, invirtiéramos la relación temporal «concepción/orgasmo»? El bebé —a la pareja que le tocara por azar entre las 500 que estuviera practicando el coito— aparecería entre las sábanas, sin orgasmo alguno; en cambio, para todas las parejas, incluidas aquellas a las que tocara hijo, la vivencia de los orgasmos —de la misma calidad, intensidad y duración que los actuales— se experimentaría al cabo de nueve meses. ¿Cuáles creen que serían las consecuencias de este cambio temporal entre conducta y consecuencias? Es fácil suponerlo: apenas nacerían niños.

> Una noche, después de un día de trabajo en el que, junto con algunos médicos africanos, habíamos efectuado análisis de sangre en una zona rural, mis colegas salieron con algunas muchachas del poblado. Se acostaron con ellas y solo uno de los médicos usó preservativo. A la mañana siguiente, al preguntarles cómo era posible que hubieran aceptado un riesgo tan grande, ya que sabían de sobra que la prevalencia del VIH era muy elevada en la región, se rieron y comentaron que no se podía dejar de vivir solo por existir peligro de contagiarse una enfermedad.
>
> Panos Institute, 1987

Para citar otro ejemplo que abunda en esta reflexión, ¿qué ocurriría si tras pagar los 4 € de un apetecible pastelillo de nata y chocolate e introducirlo en la boca, no experimentáramos su agradable sabor, dulce y crujiente, hasta que hubiera transcurrido un día, una semana o un mes? ¿No serían mucho más fáciles de seguir las dietas así como evitar la obesidad y algunas complicaciones cardiovasculares?

> El único argumento decisivo que en todos los tiempos apartó a los seres humanos de ingerir veneno no fue que matase, sino que tuviese mal sabor.
>
> FRIEDRICH NIETZSCHE
> filósofo

Evidentemente, el factor temporal, la inmediatez, no es el único factor que hay que tener en cuenta. Existen muchas personas en nuestro entorno que no practican comportamientos de riesgo a pesar de lo agradable de sus consecuencias inmediatas, pero deberíamos aprender —y tener en cuenta— que el elemento temporal puede influir, a veces decisivamente, en nuestras decisiones. El placer inmediato, el resultado inmediato, *la ganancia inmediata,* constituyen la esencia de tentaciones permanentes que no deberían pillarnos nunca con la guardia baja. La alta incidencia de la corrupción política o del dopaje en el deporte, por ejemplo, a pesar del alto coste que su descubrimiento público puede suponer para los implicados, nos indica que es apreciable el número de los que en estos ámbitos ceden a la tentación y arriesgan toda su carrera para subir al pódium del dinero, la emoción compartida o la fama.

El conductor del tren estaba nervioso, llevaba un minuto y medio de retraso, podía caerle una segunda sanción en un mes. Para ganar tiempo, aceleró, descarriló y se produjo la mayor catástrofe ferroviaria del Japón: más de 40 muertos y cerca de 300 heridos.

GABRIEL GINEBRA,
El japonés que estrelló el tren para ganar tiempo, 2017

La tentación de la ganancia inmediata: toma el dinero y corre

Unas estrategias educativas eficaces que enseñasen a los niños a aceptar demoras cada vez mayores entre comportamiento y consecuencias podrían ser tan importantes, o más, para su formación como algunos de los contenidos de álgebra o historia que actualmente se imparten en las aulas. Además, constituirían quizás uno de los mejores antídotos contra los posibles efectos adictivos de los casinos de juego, las PlayStation, los teléfonos móviles y los juegos de ordenador, todos ellos grandes suministradores de consecuencias agradables, seguras, aparentemente inofensivas e inmediatas que inducen, o por lo menos modulan, en muchos de nuestros niños y jóvenes —y a través de ellos inciden en nuestra *cultura de la inmediatez*— la imperiosa necesidad de seguir dándole continuamente al botón, sin dejar de mantener la vista fija en una pantalla.

Esta búsqueda de la inmediatez puede afectar también a la creatividad de los investigadores que, desde la instauración de Internet, trabajan, la mayor parte del tiempo, con un ordenador.

> Internet nos incita a buscar lo breve y lo rápido y nos aleja de la posibilidad de concentrarnos en una sola cosa.
>
> NICHOLAS CARR,
> escritor

La importancia que concede nuestra sociedad a la ganancia inmediata podemos encontrarla en los eslóganes que conforman el entorno mediático en el que estamos inmersos: «Disfrútelo ahora y no pague hasta dentro de tres meses».

A título anecdótico mencionaré que, a principios de 2006, solo en Cataluña existían 40.000 máquinas tragaperras, lo que supone una máquina por cada 150 habitantes mayores de 18 años, lo cual nos ofrece una pequeña muestra de lo que puede suponer la *industria de la inmediatez.*

La ludopatía se da sobre todo en este tipo de máquinas y en juegos como la ruleta o el póker, ya que, como señala Antonio Ramos, experto del Hospital Ramón y Cajal de Madrid, la dependencia del juego «es más fuerte cuanto más inmediato es el premio... Es raro que alguien enferme (de ludopatía) con la lotería, en la que pasan días entre la apuesta y el premio».

La recaudación de una máquina tragaperras se reparte entre el dueño de la máquina, el jugador, el propietario del bar y Hacienda... Si en este reparto el único que pone dinero es el jugador y los otros tres siempre cobran, ¿quién pierde? Pues el jugador.

CONRADO MANUEL GARCÍA,
director del departamento de estadística e investigación
operativa de la Universidad Complutense de Madrid

> A partir de las diez de la noche, junto a las mesas de juego no quedan más que los jugadores auténticos, desesperados, para los que no existe nada más que la ruleta, los que solo han venido por ella y a los que todo lo que ocurre a su alrededor les pasa inadvertido..., no hacen más que jugar desde la mañana hasta la noche, y continuarían jugando si fuera posible. Cuando a media noche cierran la ruleta, se marchan disgustados.
>
> FIÓDOR DOSTOIEVSKI,
> *El jugador*, 1867

Al analizar lo que ocurre en áreas más tradicionales de la actividad económica, como el turismo, la construcción o la pesca, nos encontramos con quienes se limitan a contemplar su pequeña parcela de intereses —por ejemplo, construir puertos deportivos—, pasando por alto que, a veces, tal vez están arriesgando no solo su propio futuro, sino el de miles de conciudadanos.

> Hoy día la gente sabe el precio de todo y el valor de nada.
>
> OSCAR WILDE,
> escritor

Nuestro país es, en la actualidad, uno de los destinos turísticos por excelencia. Del mismo modo que en otros países se han desarrollado industrias de navegación espacial o biomedicina, en el nuestro lo ha hecho el turismo. España es un atractivo país de vacaciones: poseemos sol, playas, hermosos y variados paisajes, buena gastronomía y ha sido durante las últimas décadas un agradable lugar de vacaciones o para disfrutar de una apacible jubilación. Sin embargo, en ningún momento, al menos que sepamos, el Gremio de Hoteleros ha aludido al enorme peligro que representaban para la futura evolución del sector los factores combinados de cambio climático, incendios forestales, escasez de agua y destrucción sistemática del paisaje por parte de muchas empresas constructoras.

El fabricante de piscinas solo se preocupa de que su negocio marche bien; al igual que el que construye o alquila apartamentos, fabrica o distribuye helados, diseña bikinis, es importador de palos de golf, regenta una agencia de viajes o es propietario de un restaurante de lujo o un chiringuito de playa. Ninguno parece darse cuenta de que si los turistas cambian de país de destino porque España deja de ser atractiva para ellos, sus negocios, a medio o largo plazo, corren el riesgo de desaparecer.

¿Y por qué van a dejar de venir los turistas si el sol lo tenemos asegurado?, pueden plantearse. Lo cual es cierto, pero la respuesta puede volverse dudosa si seguimos preguntando. ¿Qué ocurrirá si los ingleses no pueden bañarse debido a las plagas de medusas propiciadas por un creciente calentamiento del mar, los alemanes no pueden ducharse porque hay restricciones de agua, los suecos no se atreven a salir al jardín debido a las picaduras del temible mosquito tigre que está invadiendo nuestras tierras y los norteamericanos no disponen de aire acondicionado debido a los cortes de energía eléctrica?, ¿qué sucederá si el único paisaje que pueden contemplar, desde sus casas o desde su yate, se reduce a un desagradable *skyline* de cemento bajo un sol de fuego? No hay que ser adivino para vaticinar, en estas circunstancias, una disminución drástica del número de visitantes.

Por otro lado, la creciente demanda turística está encareciendo los precios de las viviendas, impidiendo el acceso a los ciudadanos jóvenes a los apartamentos y destruyendo los barrios. En 2017, la reacción de los habitantes de las ciudades más atractivas ante la compra de inmuebles antiguos por opacos fondos buitre ansiosos de *ganancias inmediatas* es cada vez más explícita, desesperada y violenta.

> El mar. La mar.
> El mar. ¡Solo la mar!
> ¿Por qué me trajiste, padre,
> a la ciudad?
>
> RAFAEL ALBERTI,
> escritor

Deteriorar el paisaje *ahora*, masificar de forma descontrolada el turismo, equivale a estrangular, de forma lenta pero cada vez más perceptible y progresiva, la gallina de los huevos de oro que nos aseguraba el presente y que podría, a través de políticas sostenibles adecuadas, consolidar también el futuro. Dentro de poco, ante nuestra sorpresa, la gallina puede dejar de poner y los turistas buscar otros destinos más satisfactorios. ¿Y qué haremos entonces con nuestros adosados vacíos, nuestros descomunales hoteles de cinco estrellas, los campos de golf, las agencias inmobiliarias, las azafatas turísticas, las agencias de viajes y las plataformas de alquiler de pisos? Lo que es *filete* y *marisco* para hoy puede ser hambre y mendrugo para mañana.

Las circunstancias presentes —la codicia por los euros *inmediatos*— impiden ver u oscurecen el hecho de que el sector turístico y todas las empresas que viven de él —ayuntamientos incluidos— se den cuenta de que estamos creando en el litoral español un feo muro de ladrillos y hormigón, olvidando que el paisaje es un bien escaso e irrecuperable, y que, aparte de la estética, los ecosistemas implicados están sufriendo daños irreversibles que pueden pasarnos una considerable factura en un próximo futuro. La edificación salvaje de la costa, como ha señalado *Le Monde,* «destruye de forma irremediable lo que consume». Y lo mismo podríamos decir de las urbanizaciones de montaña, que crecen como setas, en las regiones cercanas a los cada vez más numerosos y sobredimensionados complejos destinados a los llamados deportes de invierno. ¿Alguien se ha preguntado qué ocurrirá si, debido al cambio climático, nuestras montañas se quedan en invierno sin nieve?

> Si el calentamiento global mundial quedase limitado a 2 °C, objetivo del Acuerdo de París de 2017 sobre cambio climático, la pérdida de nieve que cubre los Alpes sería de un 30 % en 2100. Pero si la temperatura sobrepasase este objetivo, la falta de nieve alcanzaría el 70 %.
>
> *The Guardian*, 2017

Veamos lo que pasa con los incendios que, año tras año, van convirtiendo España en un desierto. Humberto da Cruz, director del Instituto de Estudios y Cooperación para la Cuenca del Mediterráneo, ya advertía hace algunos años desde las páginas de *El País* de que, en España, la superficie quemada anualmente había pasado de una media de menos de 60.000 hectáreas hasta los años setenta a otra que casi triplica dicha cifra a lo largo del periodo posterior, con cifras que pueden superar las 200.000 hectáreas calcinadas en un solo año. Además, hay que recordar que la mayor parte de los incendios que se producen en España son provocados por el hombre.

Las respuestas al porqué de la actuación negligente o criminal de los que queman el monte son múltiples y, aunque favorecidas en muchos casos por el *cambio climático,* vale la pena analizarlas, pues en el origen de muchas de ellas encontraremos conductas que producen algún beneficio *inmediato* en quienes las practican: desde la persona que arroja el cigarrillo encendido por la ventanilla del coche para ahorrarse el gesto de apagarla en el cenicero hasta el pirómano que disfruta contemplando las llamas, al que aspira a conseguir un empleo como bombero o a quien los provoca para conseguir una rápida venganza o por considerar que de la superficie quemada puede obtener algún beneficio en un plazo relativamente breve: recalificación de terrenos, leña, quema de rastrojos, etcétera. Tampoco podemos desestimar, en nuestra lista y aunque sean minoría, los verdaderos accidentes por rayos, por chispas originadas en el tendido eléctrico o en una segadora o por el hecho de que, por una política forestal de *ganancia inmediata,* se hayan plantado grandes extensiones de árboles no autóctonos de rápido crecimiento y que, por tanto, proporcionan madera en un tiempo menor pero que arden con mayor facilidad y rapidez, como se ha demostrado en Portugal durante el verano de 2017.

Modelos ilógicos de gestión del patrimonio natural

Xavier Paunero, profesor de Geografía Humana en la Universidad de Girona, al analizar las posibles causas de los incendios de verano en el Empordà, señala que hasta la mitad del siglo xx esta región había mantenido su forma de vida tradicional, pero que, a partir de esa época, los pequeños propietarios agrarios se convirtieron en ganaderos y establecieron granjas por todas partes, con un masivo dominio de la industria porcina, mucho más rentable de forma *inmediata,* aun cuando haya conllevado como subproducto la contaminación de los acuíferos de una amplia zona de Cataluña, los cuales han dejado de ser potables.

En una carta al director de *El País* del 25 de agosto de 2017, y bajo el título «¿Dónde están las ranas?», podemos leer:

Vivo en el campo, en contacto con la naturaleza. ¿Dónde están las ranas, las mariposas, los caracoles, las serpientes, las luciérnagas? ¿Dónde están las zorras y tantas variedades de pájaros que hasta hace poco convivían en nuestro entorno? ¿Cómo ha podido suceder una desaparición tan rápida de tantas especies, y que sigue en aumento? Esta sería mi respuesta: con el afán de multiplicar las cosechas se ha recurrido al lanzamiento de purines. También hay un exceso de productos químicos, herbicidas, insecticidas y fungicidas aplicados sistemáticamente. Poco a poco estos productos se van filtrando a través de la tierra, contaminando las capas freáticas que alcanzan los riachuelos donde, hasta hace poco, centenares de ranas se zambullían felices.

Paralelamente al problema de la creciente desertización de España y en interacción parcial con ella, vamos a tratar de comprender lo que ocurre con los recursos hídricos de nuestro país. Para ello trataremos, primero, de presentar el denominado *modelo hidrológico de Wilhite* que divulgó en la prensa española, hace algunos años, Enrique Cabrera, catedrático de Mecánica de Fluidos de la Universidad Politécnica de Valencia. De acuerdo con dicho modelo, en un país de pluviometría irregular como el nuestro, existe un ciclo que se va repitiendo a lo largo de los años. Tras un periodo de sequía prolongado, la población entra en una fase de *con-*

cienciación, que, si persiste la falta de lluvias, pronto desemboca en la de *preocupación* y, en el caso de que el agua embalsada se reduzca a mínimos, conduce a la fase de *pánico*, en la cual los responsables políticos del momento suelen hacer grandes promesas y votar presupuestos extraordinarios para la obtención de nuevos recursos. Si durante este periodo vuelven las lluvias y el agua recogida en los pantanos asegura el suministro para varios meses, la nueva situación suele conllevar, de forma inmediata, discursos tranquilizadores a la población, el abandono o demora, total o parcial, de los planes en marcha y, en muchas ocasiones, el desvío de los fondos previstos hacia otras necesidades de mayor urgencia en las que puedan notarse a corto plazo los efectos de la acción del gobierno; en estas condiciones, se entra en la fase de *apatía* en la que nadie —ni políticos, ni periodistas, ni ciudadanos— suele preocuparse por el problema del agua. Con esta fase se cierra el círculo, el cual vuelve a iniciarse en la fase de *preocupación* si acontece un nuevo periodo prolongado de escasez pluviométrica.

Lo que quisiéramos destacar, desde el punto de vista temporal, es que el comportamiento de políticos y ciudadanos con respecto al problema del agua, al menos en nuestro país, suele ser en gran medida función de las *consecuencias inmediatas*. Solo parece acelerarse la búsqueda y promoción de nuevos recursos cuando se entra en las fases de preocupación y pánico, pero, en todo caso, no parece existir un plan global y continuado de desarrollo sostenible, ni siquiera una evaluación, racionalización y organización más eficiente del existente. La influencia de un alarmante descenso momentáneo de nivel del agua de los pantanos en la conducta de los gestores responsables de su suministro a la población no se encuentra fatalmente determinada, pues, como señala el mismo Cabrera, otros países del mundo tienen, igualmente, una pluviometría irregular y podrían constituir un buen modelo a seguir, no solo en materia de ahorro del agua, sino también y principalmente de organización y mantenimiento de las redes de distribución. «De no actuar en esta dirección —señala Cabrera—, los pasos periódicos por la fase de pánico del ciclo hidrológico de Wilhite serán cada vez más traumáticos.» De acuerdo con datos del Instituto Nacional de Estadística de 2003, una quinta parte de las reservas de agua se pierde en su distribución, lo cual parece un despilfarro inadmisible. Además, la acción de las consecuencias inmediatas posee otros efectos perversos; así, por ejemplo, cuando se inició el trasvase Tajo-Segura la gente creyó que el problema del agua estaba solucionado y se duplicó la demanda, lo que agudizó el problema.

En agosto de 2006 España se encontraba en una fase de pánico: la reserva de agua había caído al 43,9 % de su capacidad, su nivel más bajo en una década. Y aunque es cierto que lo que cuenta en pluviometría es la media anual, que, de hecho, pocos meses después, el agua embalsada había aumentado y que cabe la posibilidad de que los periodos de sequía de los últimos años sean cíclicos, todo apunta a que, en un futuro próximo, tenderán a ampliarse. ¿Cómo haremos frente entonces a una fase de pánico de larga duración?

La respuesta de algunas empresas constructoras y algunos ayuntamientos ante esta realidad ha sido notable antes de la última crisis: más apartamentos, más piscinas, más puertos deportivos, más cemento, más consumo de agua, más ladrillo, más golf y más destrucción del paisaje; en otras palabras, el poder de la *ganancia inmediata* en acción. Es curioso, como antes se ha señalado, que a las propias empresas constructoras, la hostelería y la multitud de pequeños y grandes comercios que viven del turismo no parezca preocuparles el futuro. Tras la crisis económica reciente, las enormes urbanizaciones desiertas y la proliferación de chalets y pisos en venta han mostrado las consecuencias nefastas de una gran burbuja inmobiliarias. Pero ¿se habrá aprendido la lección?

Incendios, escasez de agua, aumento desmesurado de las necesidades hídricas y eléctricas debido al incremento de consumo de aire acondicionado en unas redes de distribución que empiezan a dar síntomas de cansancio, deberían constituir elementos suficientes para que empresarios, administradores y políticos se parasen a reflexionar, dejasen de ser esclavos de las consecuencias inmediatas y empezasen a diseñar un plan de desarrollo sostenible a medio y largo plazo del que todos podríamos ser beneficiarios.

En otro contexto, el fenómeno de la *ganancia inmediata*, unido al de la *rápidez del olvido* —del que hablaremos en el próximo capítulo—, por quienes, por ejemplo, no han sufrido directamente la tragedia de una inundación o de un incendio en sus bienes o en sus carnes, es uno de los factores que tal vez permita explicar por qué muchos ayuntamientos han permitido edificar sobre cauces secos de antiguas rieras que solo se convierten en ríos caudalosos que arrastran todo lo que encuentran a su paso cada cierto número de años. Entre dos riadas, los incautos compradores de las nuevas viviendas se sienten seguros y no suelen pensar en esta eventualidad, pero al cabo de veinte o cuarenta años es casi inevitable que se produzca una tormenta «inesperada» de gran magnitud y que el agua recupere su antiguo cauce, inunde los sótanos, llene de barro los aparcamientos subterráneos y las pertenencias de los moradores, arrastre los coches y los bomberos tengan que intervenir para salvar lo que buenamente puedan.

A nivel mundial, señala Sandra Postel, directora del Proyecto de Política Global del Agua en Estados Unidos, «nos dirigimos con bastante rapidez hacia un periodo sin precedentes de escasez de agua que no será fácil paliar durante varias décadas». En opinión de esta experta, la sobreextracción de las aguas subterráneas constituye el mayor problema actual en lo que se refiere al ámbito de las reservas alimentarias: «En torno al 10 % de los alimentos del mundo se cultivan mediante prácticas no sostenibles de sobreexplotación de aguas subterráneas. Esto significa que el agua se extrae más deprisa de lo que se repone, con lo que estamos utilizando parte del agua del mañana para nuestras necesidades alimentarias de hoy». En otras palabras, los hombres y mujeres de hoy satisfacemos nuestras necesidades hidrológicas con recursos que deberían reservarse para las generaciones futuras. Como los expertos han apuntado, la escasez de agua puede dar origen a graves conflictos bélicos en los próximos años.

Veamos ahora lo que ocurre en otros ámbitos de gran importancia para el desarrollo económico de los países: la ganadería y la industria pesquera. En 1968 la revista *Science* publicó un artículo del microbiólogo Garrett Hardin titulado «La tragedia de los bienes comunales». La tesis que defendía el autor es sencilla: en ausencia de una autoridad central reconocida, la propiedad común de los recursos naturales termina inevitablemente por agotarlos. Tal tesis, que, como veremos inmediatamente, guarda estrecha relación con la tendencia hacia la *ganancia inmediata*, podría aplicarse, en gran parte, a lo que está sucediendo en el campo del paisaje o del agua. Enrique Gil Calvo lo expuso hace pocos años en las páginas de un periódico nacional con dos interesantes ejemplos.

En el primero de ellos supone la existencia de unos prados comunales donde los vecinos llevan a pastar sus vacas. En un principio, como el pasto es libre, los vecinos llevan cada día todas sus vacas a pastar al prado. Pero cuando las vacas se multiplican, pronto se cierne la amenaza de que los pastos se agoten. La mejor solución colectiva —impuesta por la autoridad o la tradición— sería que todos y cada uno de los vecinos limitasen de igual modo el acceso de sus vacas al pasto común. A cada vecino, tomado por separado, solo le compensa racionar el pasto de sus vacas si también lo hacen los demás. Si él raciona su pasto y los demás no lo hacen, la hierba también se agotará y sus vacas, además, se desnutrirán con más rapidez que las de los demás, con lo que se encontrará doblemente arruinado. Por tanto, no le conviene racionar el pasto de sus vacas, sino intensificarlo —*ganancia inmediata*— a fin de que estas puedan seguir engordando el tiempo que tarden los pastos en agotarse completamente y ninguna vaca —suya o de sus vecinos— pueda sobrevivir.

En el caso de la pesca, hacia mediados de la década de los noventa, se produjo ya un conflicto, de características similares al de las vacas, en los caladeros del bonito al entrar en conflicto la tradicional pesca de anzuelo, que raciona los recursos para que no se agoten, y la pesca de volanta, que los intensifica hasta el umbral del agotamiento. En efecto, los caladeros son bienes comunales de pesca libre en mar abierto. Y, de acuerdo con el teorema de Hardin, el riesgo de agotamiento determinará la conveniencia de que cada barco pesquero intensifique sus capturas reconvirtiéndose a la pesca con volanta —con la excusa de la modernización tecnológica, por ejemplo— antes de que los caladeros se agoten. Esta decisión —cuyo motor es la *ganancia inmediata*— tendrá como consecuencia que los pescadores que no lo hagan, o no puedan hacerlo por el coste que representa la reconversión de su barco, se verán doblemente perjudicados al pescar mucho menos que los demás de forma inmediata y agotarse de todas formas los caladeros indefectiblemente más adelante. Una vez más, habremos sacrificado estúpidamente otra de las gallinas de huevos de oro que la naturaleza nos había regalado.

En la actualidad, lo cierto es que muchos caladeros se encuentran ya agotados porque las flotas de que disponen los países tecnológicamente más avanzados los han esquilmado, lo cual puede ser uno de los múltiples factores que, indirectamente, haya impulsado a algunos países subsaharianos del África occidental, que tradicionalmente vivían de la pesca utilizando para ello medios tradicionales, a buscar una salida en la emigración a Europa.

Y un fenómeno parecido está ocurriendo con las especies de agua dulce, como la anguila europea, cuya pesca ha descendido de forma continuada a lo largo de los últimos 30 años, o el esturión del mar Caspio, resultado directo de la sobrepesca y el comercio ilegal del caviar. Todo cuanto acontece tiene una causa y, en muchos casos, esta causa es el poderoso atractivo que ejerce sobre los seres humanos la *ganancia inmediata*.

> La política quiere encontrar soluciones rápidas porque son estas las que se convierten en votos y hacen ganar unas elecciones. La actual «cultura de la satisfacción», ha escrito Galbraith, no soporta el planteamiento de problemas a largo plazo, solo le interesa lo inmediato.
>
> Victoria Camps,
> filósofa

Antes hemos aludido a la importancia del cambio climático, el origen del cual, a juicio de un gran número de expertos, se encuentra en el calentamiento que está experimentando nuestro planeta, en gran medida como consecuencia de la creciente inyección en la atmósfera de gases productores del llamado efecto invernadero, los cuales se generan al quemar combustibles fósiles como el carbón y el petróleo en centrales eléctricas, fábricas y vehículos.

A finales de agosto de 2006 se dio a conocer un macroestudio europeo, coordinado por el Comité de Investigación Natural para el Centro de Ecología e Hidrología del Reino Unido y la Universidad Técnica de Múnich y en el que participaron investigadores de 17 países, que, tras analizar la evolución de 561 especies, mostraba de forma concluyente que el cambio climático era ya una realidad que estaba adelantando el comienzo de la floración de las plantas en primavera y retrasando la caída de las hojas en otoño, y España era el país europeo donde el fenómeno se daba con mayor intensidad. La suma del adelanto de los síntomas de la primavera y el retraso de los de otoño suponía, de media, 23 días más de calor al año.

¿Por qué, nos preguntamos, si la amenaza es tan importante y afecta a toda la Tierra —y de forma específica a nuestro país—, los ciudadanos y los políticos no muestran una actitud más decidida para paliar, demorar o, en lo posible, evitar sus efectos? En el fondo de la cuestión podemos encontrar una razón temporal: porque las medidas protectoras que adoptemos hoy solo producirían *efectos a muy largo plazo* y los importantes costes económicos y políticos de su implantación deberían ser abonados de *inmediato*. En cierto sentido, es algo parecido a lo que ocurre con el consumo de tabaco y el cáncer, o con las relaciones sexuales sin protección y un diagnóstico de infección o de embarazo.

Cuando la *distancia temporal* entre el comportamiento y sus consecuencias es muy grande, no existe una relación causa-efecto claramente visible y se proponen cursos de acción alternativos, la toma de decisiones es muy difícil porque, entre otras razones, en esta coyuntura se encuentran involucrados intereses económicos o emocionales poderosos a los que, *de inmediato,* perjudicaría el cambio.

Es mucho más fácil reconocer que hace diez años hicimos el imbécil que reconocer que lo hicimos hace diez minutos.

JAUME PERICH,
humorista

Los expertos señalan que si no se hace nada para demorar el efecto invernadero —el denominado protocolo de Kioto ha sido un intento, tal vez tímido pero positivo, en este sentido—, las temperaturas pueden subir este siglo en Europa más de dos grados centígrados, y aunque este cambio puede parecer pequeño a los ojos del ciudadano medio, es preciso considerar que en la última era glacial la temperatura media era solo cinco o seis grados inferior a la actual. Algunas de las posibles consecuencias de este calentamiento ya se han sugerido antes.

Las repercusiones del cambio climático pueden ser inmensas para la economía, la salud, la alimentación, la disponibilidad de agua potable y los ecosistemas, pero ¿a qué partido político o empresa le importa lo que vaya a suceder dentro de varias décadas si las elecciones y los accionistas están siempre a la vuelta de la esquina? En realidad, ya estamos experimentando algunos síntomas de lo que probablemente se avecina: algunos expertos atribuyen al calentamiento de la atmósfera el terrible verano de 2003, que produjo en Europa miles de muertos y centenares de incendios, o el hecho de que, en las últimas décadas, en América, el número de huracanes de fuerza cuatro o cinco —entre los cuales podemos situar el Katrina— se haya duplicado, que en los casquetes polares el hielo se funda cada vez con mayor rapidez, que se haya observado que la temperatura en algunos puntos del Mediterráneo ha aumentado, facilitando la invasión de medusas, algas tóxicas e incluso algunos tiburones, o que a principios de junio de 2017 se hayan registrado en España temperaturas propias de finales de julio.

A medida que la atmósfera se caliente, es más probable que se produzcan sequías más prolongadas, lluvias imprevistas más intensas, olas de calor más frecuentes y tormentas más rigurosas (con tornados incluidos). Pero hacer frente a esta situación y conseguir que el clima se estabilice equivale a reducir drásticamente el consumo de carbón y de petróleo —un 70 % según algunos expertos—, lo cual amenazaría la supervivencia de las poderosas empresas petrolíferas y automovilísticas, la estabilidad de una enorme cantidad de empleos e incluso nuestro actual sistema de vida, montado sobre el creciente consumo de unas fuentes de energía que no solo no son inagotables, sino que están saturando de peligrosos contaminantes el aire que respiramos y el agua que bebemos, sin los cuales la vida es imposible.

> La civilización, en el verdadero sentido de la palabra, consiste no en la multiplicación, sino en la deliberada y voluntaria reducción de las necesidades.
>
> M. K. GANDHI,
> político activista

Elecciones, votos y economía

Desde el punto de vista temporal tenemos que afrontar un terrible dilema. Si no actuamos con rapidez y apostamos decididamente por un crecimiento sostenible, el futuro ambiental de nuestros nietos se presenta cada día más amenazador e incierto. Si lo hacemos, tendremos que aceptar con igual rapidez notables sacrificios y renuncias. El reto de montar un mañana sostenible sobre energías limpias en un paisaje armonioso y demorar o paliar los efectos del cambio climático, en un momento en el que en Estados Unidos se ha iniciado la era Trump, que niega su realidad, y las grandes constructoras siguen mirando con codicia los pinares cercanos a las grandes urbes y el escaso litoral todavía virgen, parece una utopía. Pero depende de nosotros. Las medidas que hay que tomar para evitar consecuencias desastrosas —como la sequía, la subida del nivel del mar o el aumento de las enfermedades tropicales— van en sentido económico contrario a la *ganancia inmediata.* Varios años después de que, en 2004, un maremoto matase a más de 200.000 personas en Asia, el Índico seguía sin contar con un sistema de alerta general de tsunamis.

Del editorial de un número monográfico de la revista *The Economist* dedicado al cambio climático, bajo el titular «Empieza el calor», puede deducirse que el modelo de Hardin es también aplicable a los indeseables efectos que puede suponer el cambio del clima, así como a la posible paliación de estos efectos. «La principal dificultad es política. El cambio climático constituye uno de los problemas más difíciles de todos los que hasta la fecha los gobernantes del mundo hayan tenido que afrontar. Debido a que se trata de una problemática global —como los pastos comunales o los caladeros en aguas internacionales, podríamos añadir por nuestra cuenta—, el interés de cada país radica en conseguir que todos los demás compartan la carga de abordarlo. Pero, debido a que se trata de un problema a largo plazo, los intereses de cada generación la conducen a eludir su responsabilidad y a transmitirla a la generación siguiente. Y, de esta forma, nada se hace.» No deberíamos olvidar que Estados Unidos, el principal productor mundial de gases de efecto invernadero ha anunciado, en junio de 2017, que abandonaba el Acuerdo de París de 2015 sobre el cambio climático suscrito prácticamente por todos los países del mundo, excepto Siria y Nicaragua.

> Algunos hombres ven las cosas como son y preguntan: «¿Por qué?». Yo veo las cosas como podrían ser y pregunto: «¿Por qué no?».
>
> ROBERT KENNEDY,
> exfiscal general de Estados Unidos

«¿Vale la pena destinar recursos públicos ahora para impedir un riesgo aparentemente todavía lejano e incierto, especialmente cuando existe la alternativa de gastar el dinero en bienes y servicios que podrían proporcionar apreciables beneficios a corto plazo?», se pregunta el editorialista de *The Economist*. Y el mismo editorialista responde de forma clara a la pregunta: «Sí, si el riesgo es lo suficientemente elevado. Los Gobiernos lo hacen constantemente». Así, por ejemplo, gastan parte de los impuestos en mantener ejércitos fuertemente armados a pesar de que no crean que exista un riesgo inminente de invasión por parte de otros Estados. Muchas personas también dedican parte de su dinero a seguros sobre su automóvil, sobre su casa o sobre su vida. «Un creciente cuerpo de pruebas científicas —prosigue *The Economist*— sugiere que el riesgo de una catástrofe climática es lo suficientemente elevado para que el mundo gaste una pequeña proporción de sus ingresos en tratar de prevenirla.» Es urgente que los ciudadanos exijan de sus gobernantes acciones concretas *ahora*, en este momento. La presión de la opinión pública es esencial —porque supone para los políticos votos *inmediatos*— para frenar, en lo posible, los

efectos del cambio climático, para conseguir el mejor apro-
vechamiento y distribución posibles del agua disponible y
para evitar la destrucción irreversible de los acuíferos y del
paisaje.

> Si duermo, ¿quién me dará la luna?
>
> ALBERT CAMUS,
> escritor

Otro aspecto interesante que muestra las consecuencias indeseables que puede traernos primar la *ganancia inmediata* es lo
que podríamos denominar «efecto Tiburón» en honor a la
película de Spielberg, aunque el tema de la ocultación de
acontecimientos que podían perjudicar los intereses económicos de algunos sectores influyentes de la población también haya sido tratado en otras películas, por Elia Kazan en
Pánico en las calles y por Visconti en *Muerte en Venecia*. De
hecho, la primera reacción de muchos responsables de la comunidad, públicos o privados, ante un suceso desagradable
imprevisto que, de forma *inmediata*, puede tener consecuencias políticas, económicas o jurídicas importantes para ellos
es ocultar el hecho; es, simplemente, mentir. Lo mismo si se
trata de evitar la huida de turistas ante la presencia de un gran
tiburón o de una temible enfermedad contagiosa, o, como en
otra película, *El síndrome de China*, disminuir la gravedad de
un accidente en una central nuclear. Por desgracia, si la amenaza es cierta, el poder de la *ocultación inmediata* se revelará

efímero y las consecuencias para muchos miembros de la comunidad en la demora del acceso a la información pueden ser desastrosas. No deberíamos olvidar que el accidente nuclear de Chernóbil, por ejemplo, lo denunciaron los países escandinavos —mientras los soviéticos guardaban silencio— al detectar un súbito aumento de radiactividad en su atmósfera poco tiempo después de ocurrir el accidente.

Para finalizar este capítulo quisiera abordar un aspecto sin duda menos dramático, pero que también tiene relación con el aspecto temporal. John G. Lynch y Gal Zauberman, dos profesores de *marketing* de las universidades norteamericanas de Duque y Carolina del Sur, a través de una serie de investigaciones empíricas, han comprobado que es errónea la concepción de que en el futuro los ejecutivos y dirigentes dispondrán de más tiempo del que tienen ahora, en el que su agenda se encuentra ya completamente saturada. Los participantes en este estudio que creían que dentro de un mes dispondrían de más tiempo que en la actualidad se equivocaban. El tiempo que les falta hoy también les faltará mañana. Cuando hoy nos quedamos sin horas para hacer algo que creemos que tendríamos que haber hecho, tendemos a creer que en un futuro más o menos lejano no habrá problemas de tiempo y dispondremos del necesario. Pero, con frecuencia, el día de mañana se parece mucho al de hoy, y el tiempo que echamos en falta hoy tampoco lo tendremos en el futuro.

> Una persona que no ha hecho la mitad de su trabajo diario a las diez de la mañana, es probable que deje sin hacer la otra mitad.
>
> EMILY BRONTË,
> escritora

Reflexiones al final del capítulo

1) Para entender nuestra frecuente falta de coherencia entre la información de que disponemos y el comportamiento que practicamos, el énfasis debemos colocarlo tanto en el contenido de la información que difundimos como en la *inmediatez* de las consecuencias placenteras que nos proporciona la práctica de las conductas de riesgo y el ocultamiento de las consecuencias nefastas que puede generar a medio o largo plazo.

2) La ganancia inmediata constituye la esencia de una tentación permanente que no debería encontrarnos nunca con la guardia baja. Es importante que los políticos, así como las personas que dirigen las instituciones y la administración o los simples ciudadanos, tomen sus decisiones teniendo en cuenta las consecuencias de sus decisiones, al margen de la tendencia que puedan experimentar hacia la ganancia fácil e inmediata en prestigio, poder, votos o dinero.

3) Los recursos naturales, el agua, la madera, los peces, el petróleo o el paisaje, son limitados. Si no los cuidamos, si los malgastamos, si cedemos a la tentación de la *ganancia inmediata*, solo podremos legar a las generaciones futuras un país árido, sucio, feo, gris, sin vida y contaminado.

4) El *modelo hidrológico de Wilhite* y el *teorema de Hardin* deberían ayudarnos a reflexionar.

5) Nuestra sociedad se sustenta en gran parte sobre energía movida por combustibles fósiles y contaminantes con fecha de caducidad. Los síntomas de la proximidad temporal del *cambio climático* son cada vez más evidentes y amenazantes. El momento de tomar decisiones difíciles ya no puede esperar más.

Aunque supiera que mañana el mundo tenía que desaparecer, yo seguiría plantando mi manzano.

MARTIN LUTHER KING,
activista

6.

Recuerdos y olvidos

El tiempo pasa. Escucha. El tiempo pasa.

DYLAN THOMAS,
poeta

Al revisar su vida uno se da cuenta de que muchos de los acontecimientos más antiguos que aparecen más vívidamente en su memoria son aquellos que, a pesar del largo tiempo transcurrido, relacionamos con un intenso impacto emocional.

Así, por ejemplo, mi recuerdo más lejano es el de un niño de apenas dos años, a gatas encima de un sofá, el dibujo y colores de cuya tela podría todavía describir con todo detalle. El niño tenía un largo y brillante clavo de carpintero en cada mano y trataba de encajar los clavos en los agujeros de un enchufe eléctrico blanco que aparecía tentador ante sus ojos. Desgraciadamente, lo consiguió.

Otro recuerdo vivo pertenece a la guerra civil española. Debía tener unos siete años. En una ocasión en la que Barcelona sufrió un bombardeo mientras visitaba con mi madre a unos amigos en un caserío cercano a la ciudad, al sonar las sirenas y oír el ruido de los aviones nacionales, nos obligaron a bajar a un improvisado refugio. Cayeron algunas bombas y la tierra tembló. Aún ahora, cuando penetro en una cueva o en un subterráneo, el olor a humedad me hace revivir aquellos momentos: la masía, los cultivos, la acequia, una niña de mi edad con la que jugué aquel día y de la que nunca he vuelto a saber nada...

Más tarde, cuando tenía trece años, acababa de comprarme un atractivo cucurucho de vainilla y chocolate en la plaza de Cataluña y, absorto en mi helado, empezaba a atravesar la calzada de la ronda Universidad frente a un todavía inexistente El Corte Inglés cuando un taxi a gran velocidad me golpeó y caí al suelo. El coche se detuvo, el conductor me ayudó a levantarme y, al ver que no había sufrido daño alguno, me increpó por no utilizar el paso de peatones. Estaba aturdido. Me quedé sentado en el bordillo de la acera, frustrado, triste, sin helado.

En la excelente película de Ingmar Bergman *Fresas salvajes*, el anciano profesor Isak Borg se dispone a recibir el título de doctor *honoris causa* en la Universidad de Lund y emprende un viaje en coche en compañía de su nuera. Durante el trayecto se suceden una serie de encuentros con personas y entornos familiares que le suscitan una serie de imágenes emotivas procedentes de un pasado remoto que lo llevan a efectuar un profundo balance de su vida.

> ¿Así que el primer cigarrillo no es nada? El olor a polvo al mediodía en las ramblas, la lluvia por la noche, la mujer desconocida, el segundo vaso de vino, ¿no son nada?
>
> ALBERT CAMUS,
> escritor

Las víctimas de un accidente, un atentado o una agresión, física, sexual o psicológica, nunca olvidan. Tal vez puedan perdonar, pero nunca olvidan.

Asociaciones temporales: los recuerdos

Los recuerdos son *asociaciones temporales* inscritas indeleblemente en nuestro cerebro, con independencia de nuestra voluntad. Existen estrategias y técnicas para acceder a ellas o debilitarlas, pero si nada hacemos con este objetivo —y aun así—, probablemente permanecerán allí durante años, aunque tal vez temporalmente olvidadas, siempre dispuestas a emerger.

> Aunque mis ojos ya no puedan ver este puro destello que
> [me deslumbraba,
> aunque ya nada pueda devolver la hora del esplendor
> [en la hierba,
> de la gloria de las flores, no hay que afligirse.
> Porque su belleza siempre perdurará en el recuerdo.
>
> WILLIAM WORDSWORTH,
> poeta

Desde otro punto de vista, el tiempo medio del recuerdo de las grandes catástrofes ambientales que no nos han afectado directamente, a nosotros o a nuestros seres queridos, se había calculado en un mes antes de la de la aparición de Internet; por el contrario, el de los acontecimientos emocionales, positivos o negativos, que nos han implicado personalmente (el nacimiento de un hijo o un hermano, un accidente, la pérdida de un amigo) suele durar toda la vida. Nunca olvidaremos nuestro primer amor y, ocasionalmente, podemos revivir un acento, un tacto, una presencia, incluso un silencio o el brillo de las luciérnagas al atardecer.

En palabras de Ignacio Morgado, profesor de Psicobiología de la Universidad Autónoma de Barcelona:

Si la percepción de dolor o de placer desencadena un estado emocional, los estímulos asociados a esa percepción se graban consistentemente en la memoria y se convierten en estímulos condicionados, es decir, adquieren la capacidad de activar por sí mismos las emociones y el comportamiento a ellas asociado. De este modo, un olor, un sabor, una voz o un rostro conocido, una melodía, una caricia o un simple pensamiento pueden ser estímulos condicionados capaces de evocar directamente en nosotros estados de ánimo positivos o negativos, satisfacción o desagrado. La neutralidad original de estos estímulos desaparece, se cargan de significado y se convierten en recompensas o castigos capaces de guiar nuestra conducta.

Marcel Proust, en uno de los libros más famosos de la literatura universal —*En busca del tiempo perdido*—, nos describe, sin nombrarlo, este mismo proceso temporal básico que ha permitido adaptarnos al entorno desde el momento en el que aparecemos en el mundo:

> Mandó mi madre por uno de esos bollos, cortos y abultados, que llaman magdalenas, que parece que tienen por molde una valva de concha de peregrino. Y muy pronto, abrumado por el triste día que había pasado y por la perspectiva de otro tan melancólico por venir, me llevé a los labios unas cucharadas de té en el que había echado un trozo de magdalena. Pero en el mismo instante en que aquel trago, con las migas del bollo, tocó mi paladar, me estremecí, fija mi atención en algo extraordinario que ocurría en mi interior. Un placer delicioso me invadió, me aisló, sin noción de lo que lo causaba.

Tras unos momentos de sorpresa ante el inesperado milagro, el protagonista bebe un segundo sorbo sin que note que se incrementen los efectos, y hasta un tercero, en el que parece que la virtud del brebaje disminuye. Y entonces llega a la conclusión de que el poder que busca no está en lo que ingiere, sino en su interior; el gusto solo ha despertado algo que permanecía dormido en su cerebro desde la niñez:

De pronto el recuerdo surge. Este sabor es el que tenía el pedazo de magdalena que mi tía Leoncia me ofrecía, después de mojado en su infusión de té o tilo, los domingos por la mañana en Combray [...] [y así, por fin comprendo que] todas las flores de nuestro jardín y las del parque del señor Swann y las ninfas del Vivonne y las buenas gentes del pueblo y sus viviendas chiquitas y Combray entero y sus alrededores, todo eso, pueblo y jardines que van tomando forma y consistencia, sale de mi taza de té.

Estas vivencias agradables de la niñez recobradas por Proust al cabo de los años ejemplifican, a escala humana, el fenómeno estudiado por Pavlov en su laboratorio, descrito antes por Morgado.

> Siempre amaré el tiempo de las cerezas,
> y el recuerdo que guardo en el corazón.
>
> Jean-Baptiste Clément,
> músico

George Steiner empieza su libro *Errata: El examen de una vida* con las siguientes palabras:

La lluvia, especialmente para un niño, trae consigo aromas y colores inconfundibles. Las lluvias de verano en el Tirol son incesantes. Poseen una insistencia taciturna, flagelante, y llegan en tonos de verde oscuro cada vez más intensos. De noche, su tamborileo es como un ir y venir de ratones en el tejado. Hasta la luz del día puede llegar a empaparse de lluvia. Pero es el olor lo que permanece conmigo desde hace sesenta años. A cuero mojado y a juego interrumpido. O, por momentos, a tuberías humeantes bajo el barro encharcado. Un mundo convertido en col hervida.

Manuel Vicent cuenta que todas las habitaciones y estancias del hotel Uma, en el reino de Bután, huelen a una mezcla de eucalipto, geranio y pipermín y que al abandonar el hotel cada huésped es obsequiado con un pequeño frasco de aceite con ese aroma particular para que, en el futuro, el hotel acompañe al viajero en su memoria.

Si pudiera elegir mi última comida, regresaría a un plato de mi infancia, en Lyon, a unos macarrones con queso tradicionales, los *gratin de macaroni*, cocinados en leche y luego gratinados. Un solo plato, muy sencillo. Los prepararía mi padre.

JÉRÔME BOCUSE,
chef

Orhan Pamuk, en su novela *El museo de la inocencia,* sigue los pasos de Proust en su búsqueda del tiempo perdido, aun cuando su método para facilitar la aparición de los recuerdos sea más sistemático y no lo confíe al simple azar.

La narración de Pamuk se centra en una apasionada historia de amor que tiene lugar en Turquía, entre Kemal, perteneciente a una adinerada familia de Estambul, y Füsun, una joven que trabaja de dependienta en una tienda y que acabará casándose con otro hombre. Cuando Füsun desaparece de su vida, Kemal no tarda en descubrir el efecto calmante que tienen sobre él los objetos que alguna vez pasaron por las manos de su amada y va construyendo con ellos, de forma minuciosa y obsesiva, un museo privado en el que reúne todos los objetos que puede localizar: desde el pisapapeles de cristal que durante algún tiempo conservó el olor de la piel de la muchacha hasta miles de colillas de cigarrillo que estuvieron en contacto con sus labios. Cada uno de estos objetos sugiere una escena que Kemal utiliza para reconstruir su historia de amor. Aspira a que el museo permita al visitante, como si fuera Dios, convertir el flujo de escenas en simultaneidad y contemplar en un solo instante la totalidad de la vida de un hombre que se entregó por completo al amor: «Como desde cualquier sitio pueden verse a la vez todos los objetos, o sea, toda mi historia, los visitantes se olvidarán de la sensación del tiempo».

Es curioso que el 27 de abril de 2012, este autor, premio Nobel de Literatura, haya inaugurado un museo de la inocencia real en un edificio de Estambul cercano a la plaza

Taksim, defendiendo el concepto de museos que hablen de historias individuales en contraposición a los museos nacionales. De hecho, lo concibió paralelamente a la escritura de su libro, aparecido en 2008, y constituye una especie de homenaje al «pasado, mi propia vida, el paso del tiempo, los años transcurridos», abarcando desde 1975 a 1999. Aspira a que al visitante que haya leído el libro, ante los objetos que se exhiben, asociados en sus páginas a instantes de felicidad o desdicha, reproduzca las mismas sensaciones que experimentó Kemal en su locura de amor.

Los años carentes de acontecimientos destacables pronto se encogerán en el recuerdo. Escribe Thomas Mann en *La montaña mágica*:

El vacío y la monotonía se incrementan y convierten en aburridos los minutos y las horas; los periodos de tiempo extensos, contemplados en perspectiva, disminuyen hasta quedar reducidos a la nada. Por el contrario, un contenido rico e interesante es sin duda capaz de abreviar una hora e incluso un día, pero dicho contenido confiere además al paso del tiempo amplitud, peso y solidez, de manera que los años ricos en acontecimientos permanecen mucho más tiempo en el recuerdo que los años pobres, vacíos y ligeros, que el viento barre y se alejan volando. El aburrimiento es, pues, en el fondo, una secuela temporal enfermiza provocada por la monotonía: con una regularidad ininterrumpida, los grandes lapsos de tiempo se encogen de forma aterradora. Cuando un día es como todos, todos los días son como uno. Y si la regularidad fuera absoluta, la vida más larga sería vivida como muy breve y desaparecería sin darnos cuenta. [...] Sabemos perfectamente que introducir costumbres nuevas y diversas es el único medio del que disponemos para mantenernos vivos, para refrescar nuestra sensación del paso del tiempo, para obtener, en definitiva, un rejuvenecimiento y confirmación de nuestra vivencia temporal y, con ello, la renovación de la sensación de que continuamos viviendo.

> Cuando emprendas tu viaje a Ítaca, pide que el camino sea largo, lleno de aventuras, lleno de experiencias.
>
> CONSTANTINO CAVAFIS,
>
> poeta

Si debemos pasar un solo día enfermos en cama, sentimos que las horas se alargan y tardan en pasar. Pero si a la mañana siguiente, ya restablecidos, nos preguntamos qué ha sucedido con el día anterior, veremos que está prácticamente vacío: solo nos queda la pequeña huella de que «estaba enfermo en cama»; no hay más. Ampliemos este único día de enfermedad a los años o décadas de una estancia, previsiblemente sin retorno, en una residencia de ancianos —tal como nos muestra la excelente película de Ignacio Ferreres *Arrugas*— y veremos que este tiempo se convierte fácilmente, como le ocurrió a Hans Castorp, el protagonista de *La montaña mágica,* en la vivencia estática de la repetición rutinaria de un solo día. Tengo pocas dudas de que la perspectiva de una vida reducida en tiempo, libertad y sin proyectos se encuentra en el origen de la resistencia de muchos ancianos a ingresar en una residencia.

> No eres viejo hasta que piensas que el futuro está detrás de ti.
>
> MALCOLM FORBES,
> emprendedor

En 1970, un pintor norteamericano, Joe Brainard, publicó un cuaderno de 32 páginas compuesto solamente por párrafos cortos que comenzaban todos de la misma forma: «*I remember...*» (Me acuerdo...), y abrían el paso a una nueva manera de rescatar sensaciones e imágenes del pasado. Cada párrafo contenía justo eso, un recuerdo aislado, recuperado al azar entre la interminable colección de la memoria personal y expuesto ⌐rma breve, a través de los cuales revivía pedazos de ⌐ ⌐mbiente cotidiano de los Estados Unidos q' ⌐s «Me acuerdo» de Brainard han ap⌐ ⌐ano mucho más tarde. He a⌐

a través de la ventana.

⌐ vacíos, de las lunas tintadas de

⌐ón justo cuando se apagan.

N⌐ ⌐nuts con café, de los taburetes, de los precios a⌐ ⌐a gente.

Me acuerdo ⌐ ⌐sas veces en que no sabes si eres muy feliz o estás muy triste.

Paul Auster ha opinado de este libro: «*Me acuerdo* es una obra maestra. Los libros supuestamente más importantes de nuestro tiempo serán olvidados uno tras otro, pero la pequeña y modesta joya de Joe Brainard perdurará. Con frases sencillas y contundentes, traza el mapa del alma humana y altera de forma permanente la manera en que miramos el mundo».

Más tarde, Georges Perec, procedente de la cultura francesa de la posguerra, escribió su propia versión de recuerdos en *Je me souviens* y dio amplia difusión al método, también seguido por la dibujante libanesa Zeina Abirached en el libro *Je me souviens: Beyrouth*, en el que logra atrapar su memoria de la guerra del Líbano.

Incluyo a continuación algunos de los recuerdos de Perec:

Me acuerdo de que el día después de la muerte de Gide, Mauriac recibió este telegrama: «El infierno no existe. Suéltate el pelo. Stop. Gide».

Me acuerdo de que en septiembre en París, después de la guerra, había muchas más avispas que ahora.

Me acuerdo de que mi tío tenía un 2 CV con matrícula 7070 RL2.

Me acuerdo de la película *De aquí a la eternidad*.

El libro de Abirached, por su parte, que empieza con la cita del cineasta francés Chris Marker: «Nada distingue los recuerdos de los otros momentos. Solo los reconocemos más tarde, por sus cicatrices», constituye, a mi juicio, otra manera literaria de describir los efectos del condicionamiento pavloviano:

Me acuerdo de que mi hermano coleccionaba fragmentos de obuses.

Me acuerdo de que en aquella época me daba por dejar la mochila cerca de la cama cada noche.

Me acuerdo de que en aquella mochila tenía preparado todo lo que quería llevarme conmigo si teníamos que huir.

Me acuerdo de que, durante la guerra, faltó el agua, el pan, la electricidad y la gasolina..., pero jamás faltaron los cigarrillos.

En la contracubierta de la edición francesa de su libro, Perec aporta una definición de lo que representa este ejercicio: «Los "Me acuerdo" son pequeños pedazos de cotidianidad que fueron vividos y compartidos, y luego olvidados. Sin embargo, de repente regresan, por azar o porque han sido buscados una noche entre amigos: es algo que aprendimos en el colegio, un campeón, una canción, un cantante, un escándalo, un eslogan, un traje o una costumbre, algo totalmente banal que por un milagro es arrancado de su insignificancia y reencontrado, provocando unos segundos de impagable y pequeña nostalgia».

En esta misma línea, como cinéfilo no puedo olvidar que, en 1996, Marcello Mastroianni se dispuso a recordar el pasado a través de un repertorio de anécdotas, confesiones y memorias narradas en primera persona, en el film *Marcello Mastroianni: mi ricordo, sì, io mi ricordo* (1997), que sigue las pautas de los *Me acuerdo* de Brainard y Perec:

Me acuerdo de las gemelas malabaristas que conocí en un circo de pueblo, y de que tal vez hoy deben tener 30 años.

Me acuerdo de cuando pasaba por mi calle, tocaba el timbre de muchas casas y huía en estampida.

Me acuerdo de cuando maté un puercoespín, de su mirada y su estertor, y de cómo rendía sus púas a mis pies.

Me acuerdo de la ropa interior de las mujeres extendida en la cuerda del patio.

Esta mezcla, «lo que tenemos, lo que hemos perdido», es, a juicio del periodista Guillermo Altares, lo que nos convierte en nosotros. Somos, como hemos señalado en otro lugar, nuestra biografía, un extraño viaje.

Cuando mi hermana se estaba muriendo de cáncer en Cambridge, donde vivió muchos años, en una de las últimas conversaciones telefónicas que mantuvimos escasas semanas antes de morir, me dijo que pasaba parte de su tiempo mirando postales y fotografías de su ciudad natal: Barcelona.

Tu muerte nos separa. Mi muerte no nos reunirá. Es así; es ya bastante hermoso que nuestras vidas hayan permanecido juntas durante tanto tiempo.

SIMONE DE BEAUVOIR,
escritora

Miramos atrás y tenemos la sensación de que estás con nosotros en el momento de mirar. Es absurdo, porque estás más allá del tiempo, donde no existe atrás ni delante. Y, sin embargo, estás con nosotros.

JOHN e YVES BERGER, 2014

A veces, leo esquelas
en las ciudades por las que paso,
con la esperanza de encontrar un hombre
cuyo nombre se escriba como el mío.
Si está muerto sabré entonces dónde he vivido.
Y si viví.

ROD MCKUEN,
cantante *country*

El estrés postraumático en atentados, accidentes y catástrofes

En caso de producirse un hecho dañino en la vida de las personas o sus seres queridos —atentado, violación, atraco, secuestro, tortura, encarcelamiento, accidente automovilístico, desastre natural, terremoto, erupción, inundación, tornado o tsunami—, puede aparecer el síndrome que se conoce con el nombre de *estrés postraumático,* el cual se caracteriza por dar lugar a reacciones como las siguientes:

1) Vivencia virtual de los acontecimientos a través de estímulos asociados al trauma: imágenes, pensamientos, percepciones, etcétera.

> Me basta un olor para recordar ese día.
>
> MARY FECHTER,
> madre de uno de los fallecidos
> del 11S en Nueva York

2) Sueños angustiosos y alucinaciones.
3) Tendencia a evitar los estímulos asociados al trauma.
4) Presencia persistente de algunos síntomas: a) dificultad para conciliar o mantener el sueño; b) incremento de la irritabilidad; c) dificultad de concentración; d) hipervigilancia ante la aparición de estímulos sospechosos, y e) respuestas exageradas de sobresalto.

En el caso de un suceso tan dramático como el atentado terrorista del 11M en Madrid, por ejemplo, las reacciones emocionales que se experimentaron fueron tan profundas que los estímulos temporalmente asociados adquirieron en muchas personas el poder de evocarlas de nuevo mucho tiempo después. Así, según los casos, la sirena de las ambulancias, la visión de trenes o estaciones ferroviarias, el olor a carne quemada o las imágenes televisadas del atentado han sido capaces, posteriormente, de desencadenar recuerdos y reacciones emocionales intensas. En esta línea, puede incluso desarrollarse una *reacción de alarma condicionada* ante estímulos o situaciones no amenazantes que, si persiste, hace más difícil que las personas puedan recuperarse.

> Ciento noventa y dos fallecidos y mil quinientos heridos, una simple cifra para muchos de ustedes; todo un mundo para todos y cada uno de nosotros. Espero que entiendan lo que significa levantarse cada día con una pérdida vital, acostarse cada día con esta pérdida, el esfuerzo enorme que conlleva aceptar lo inexplicable.
>
> PILAR MANJÓN,
> del discurso como portavoz de
> las víctimas del 11M ante la Comisión
> de Investigación del Congreso de los Diputados

A los dos años del atentado de Madrid, algunos de los supervivientes se expresaban como sigue:

Grito cuando oigo que una puerta se cierra de golpe. A veces huelo humo y me recuerda al de aquellos momentos, y el miedo me paraliza, me empiezan a temblar las piernas.

Muchísimas noches me despierto oyendo las bombas, y veo las imágenes que tengo grabadas en el cerebro. Me acuerdo del día del atentado de Londres (7-07-2005). Me puse histérica, volví a revivir el mío como si estuviera sucediendo en ese momento.

Te queda la idea de cuántas cosas se guardan en tu cerebro, y eso te angustia. Hace dos semanas he recuperado una imagen, la de una persona que estaba allí y decidía a quiénes podía ayudar y a quiénes no.

> ¿Qué haces con el recuerdo del olor a carne quemada?
>
> JORGE SEMPRÚN,
> prisionero del campo de concentración de Buchenwald

En agosto y octubre de 2016 y en enero de 2017 varios terremotos sacudieron el centro de Italia y dejaron pueblos enteros destruidos y numerosos muertos. José Antonio Cañas, superviviente del terremoto de Amatrice, que se despierta por las noches con las caras de los que no pudo salvar y que recuerda a los solitarios y silenciosos ancianos que sobrevivieron, comenta con enorme tristeza:

Eran zombis, zombis..., tenían la mirada perdida. Su pueblo, donde habían crecido, donde habían pasado toda la vida... sabían que nunca retornaría.

Un terremoto te borra, te cancela todo... El trabajo, los amigos, tu casa, todo... De un día a otro tienes que comenzar de cero.

> La mejor respuesta a una pregunta que te desborda es el silencio.
>
> SERGIO GARCÍA TEJERA

Aquella pequeña nube blanca

Sin llegar a extremos tan dramáticos como los del 11M en Madrid o el del 17A en Barcelona, en la vida profesional y afectiva de las personas suelen producirse, frecuentemente, episodios de malentendidos, jugadas sucias, infidelidades, derrotas o humillaciones, aunque también alegrías, triunfos, actos de solidaridad, conductas altruistas y compasivas y amores y desamores que son potencialmente capaces de alterar nuestras vidas a través de *asociaciones temporales* con entornos, objetos, personas, estados de ánimo o pensamientos que, para bien o para mal, pueden hacernos más desgraciados, o también más felices, en el futuro.

> Y hasta el beso lo habría ya olvidado
> si no hubiera sido por aquella nube.
> No la he olvidado. No la olvidaré:
> era muy blanca, y alta, y descendía.
>
> BERTOLD BRECHT,
> dramaturgo

Por ello, tanto en la vida profesional como en la afectiva, debemos aceptar y valorar nuestras imprevistas reacciones, saborear las positivas y, ante situaciones traumáticas, prestar apoyo emocional a los que sufren.

Ante la pregunta que se formula John Berger, «¿Qué valor tiene un momento?», me viene a la memoria una imagen aparecida ayer en televisión: el abrazo del padre de un niño de tres años destrozado en las Ramblas en el atentado de Barcelona hace pocos días y las lágrimas del anciano imán de Rubí donde residían. «Necesito abrazar a un musulmán», dijo el padre de Xavi.

Si el lector desea conocer cómo aparecen en la vida cotidiana algunas de las múltiples *asociaciones* que surgen frecuentemente tras la muerte inesperada de un ser querido, por un infarto fulminante, por ejemplo, puede leer el excelente relato autobiográfico de Joan Didion sobre la muerte de su pareja en el libro *El año del pensamiento mágico,* referenciado en la bibliografía.

Es importante recordar que, consciente o inconscientemente, es posible provocar reacciones emocionales, positivas o negativas, en un auditorio concreto si asociamos una palabra que posee ya, por asociaciones anteriores, la cualidad de suscitar dichas reacciones a una situación, un producto, una persona, una etnia o un partido. Ningún político, ningún general, ha proclamado nunca que quiere la guerra, aunque haya planificado e iniciado un sangriento conflicto bélico con miles de víctimas. Sus discursos, sus proclamas a través de la historia, suelen defender siempre que se ha visto obligado a hacer la guerra porque quería «la paz».

> Si doy comida a los pobres, me llaman santo. Si pregunto por qué los pobres no tienen comida, me llaman comunista.
>
> HÉLDER CÂMARA,
> arzobispo

Afortunadamente para las personas de países que viven del turismo, puede ser reconfortante comprobar lo efímero y volátil de los recuerdos de los sucesos traumáticos en los ciudadanos cuyas vidas no se han visto involucradas directamente. A pesar del tsunami que hace pocos años produjo 230.000 muertos en las costas asiáticas, a los nueve meses del suceso, el consumo turístico en un país como Tailandia mostraba claros signos de recuperación y, poco tiempo después, la cifra total de turistas había superado en un 3,3 % la del año anterior.

Es significativo que tres meses más tarde de la tragedia del devastador huracán Katrina uno de los grandes titulares del periódico *El País* fuera «Nueva Orleans, olvidada 100 días después». ¿Quién, por ejemplo, se acuerda ya, excepto los supervivientes, de la catástrofe de la planta química de Bhopal, en la India, que costó la vida de forma inmediata a casi a 2.000 personas y cuyas secuelas siguieron afectando durante años a más de 25.000? ¿Quién recuerda la terrible contaminación del Rin con herbicidas tóxicos que dejó su cauce sin peces, o la mortandad de aves de Doñana tras la rotura de la presa minera de Aznalcóllar? ¿Quién se acuerda —excepto los afectados— del desastre ecológico en Alaska debido al hundimiento del petrolero Exxon Valdez o de la marea negra que invadió las costas gallegas procedente del accidente de otro petrolero, el Prestige?

Las imágenes de los desesperados fugitivos que se arrojaban desde la cubierta de los barcos o pedían limosna por los alrededores del puerto dieron la vuelta al mundo, pero hoy, solo unas semanas después, ¿quién se acuerda todavía de los albaneses?

J. M. BAGET,
periodista para *La Vanguardia*, 1991

A lo largo de nuestra vida, los acontecimientos emocionales intensos nos ayudan a entender la importancia de las *asociaciones temporales,* capaces de producir o facilitar vivencias de sufrimiento, tristeza, esperanza, serenidad, nostalgia, alegría, felicidad o ternura. Y a comprender por qué determinados paisajes, objetos, personas, olores o melodías nos conmueven y otros nos desagradan o nos son indiferentes.

El tiempo de las víctimas y el tiempo de los políticos

Con respecto a la gran diferencia que existe en el recuerdo de sucesos traumáticos entre las personas que los han experimentado directamente y las que solo se han sentido afectadas como espectadores sensibles o como opinión pública

—aunque hayan podido mostrar explícita simpatía hacia las primeras y las hayan apoyado verbal, económica y afectivamente, en la *inmediatez* de la tragedia—, es preciso considerar que dicha *diferencia en la intensidad y efectos emocionales del recuerdo* será de gran importancia si, en un conflicto armado en Palestina, Siria, Irak o cualquier otro lugar del mundo se quiere poner fin a una situación de enfrentamiento armado. En este caso, el objetivo básico para los políticos que participen en las negociaciones y que no hayan sido víctimas personales del conflicto será conseguir el cese de la violencia y abrir el camino hacia un nuevo escenario de convivencia pacífica. Pero para muchos de los ciudadanos que hayan sido o se consideren víctimas directas, este resultado será siempre insuficiente. En el caso de que no puedan interpretar el pacto que se consiga como una victoria real sobre sus oponentes, les será necesario tener constancia explícita de su arrepentimiento sincero como premisa necesaria para la renuncia a una reparación por el daño infligido o a una posible concesión de perdón. Como ha escrito Lévinas: «Solo a la víctima le corresponde el derecho de perdonar. Nadie puede arrogarse poderes para conceder el perdón de un agravio que no ha sufrido en carne propia».

A pesar de lo dicho, parece razonable suponer que, en una negociación, para sentar las bases de una nueva convivencia ciudadana, el sufrimiento de las víctimas, aun siendo de la máxima relevancia, no constituya el único factor que hay que tener en cuenta. Esta problemática es, sin duda, una de las más difíciles y complejas de manejar que se plantea a los negociadores. La mayoría de los ciudadanos estarán probablemente dispuestos a hacer concesiones para obtener el fin de un conflicto armado, pero muchas víctimas, con el fin de que su herida no se cierre en falso, precisarán, como mínimo, comprender las razones lógicas o emocionales que han impulsado a otros seres humanos a convertirse en verdugos y cometer los terribles actos que han destrozado arbitrariamente sus vidas.

Aunque se trate de un testimonio excepcional, considero de especial interés simbólico el encuentro —auspiciado por la asociación vasca Bidea Helburu, defensora de la no violencia y el diálogo para la solución de conflictos— que tuvo lugar en San Sebastián, en 2006, entre Jo Berry, hija de un diputado británico que murió en un atentado perpetrado por el IRA en Brighton en 1984 junto a otras cuatro personas, y Pat Magee, un activista miembro de la célula del IRA que colocó la bomba y que fue excarcelado tras los acuerdos de paz en el Úlster. «Quería encontrar un aspecto positivo en la muerte de mi padre», rememora Jo. Y, por ello, un año después del asesinato, marchó a Irlanda del Norte a tratar de comprender el punto de vista del IRA. Durante la primera cita entre víctima y terrorista, después de un preámbulo largo en el que Pat pudo exponer con detenimiento sus razones ante la escucha atenta de Jo, el activista, finalmente, confesó: «No sé qué decirte... Estoy dispuesto a oír tu dolor y tu indignación». Y a partir de este punto se abrió un nuevo camino que empezaron a recorrer juntos. Señala Jo: «Hoy me doy cuenta de que si me hubiera tocado vivir en la piel de Pat habría podido tener su misma experiencia [...] y constatar el error que supone definir a alguien como enemigo», mientras que Pat confiesa: «Nunca le diría a Jo "perdóname", porque me doy cuenta de que no puedo deshacer el mal causado. Eso sí, soy consciente de que mi humanidad ha disminuido por el hecho de haber destruido una vida humana».

Otro testimonio similar lo ofrece la italiana Adriana Faranda, fundadora, en 1973, del grupo Lucha Armada Poder Proletario, que luego pasó a la dirección estratégica de las Brigadas Rojas y que en 1978 participó en el secuestro y asesinato de Aldo Moro. Adriana, que recuperó la libertad en 1995, ante la pregunta de un periodista que inquiría por su interés por hablar con sus víctimas después de su excarcelación, responde:

Cuando uno se da cuenta de que, aunque de buena fe, ha cometido errores irreparables que han provocado dolor inmenso a otras personas y no han aportado nada, uno desea expresar la propia amargura. Obviamente, pedir el perdón de las víctimas sería otra forma de violencia: ponerlas ante el dilema de perdonar o no perdonar añadiría dolor al dolor. Tampoco puede resarcirse. Pero quizás se puede contribuir a serenar. Nos acercábamos a estas personas porque pensábamos que para ellas podía suponer un desahogo. Podían echarnos en cara su propio dolor.

Las víctimas tal vez puedan perdonar, o tal vez no, pero nunca podrán borrar el recuerdo; sin embargo, un esfuerzo profundo para tratar de comprender el punto de vista de otro ser humano que, sin conocernos y deliberadamente, nos ha infligido un sufrimiento indeleble posiblemente sea necesario para sentar las bases de una paz auténtica en la que puedan coincidir la «paz personal» de las víctimas y la «paz social» de los ciudadanos. Es posible que los intentos de comprensión entre víctimas y verdugos en los ataques terroristas realizados por los musulmanes yihadistas realizados, a partir de 2015, en París, Bruselas, Niza, Berlín, Londres o Barcelona sean muy difíciles de superar, pero los occidentales deberíamos recordar que, en la misma época, centenares de ciudadanos civiles sirios, iraquíes, kurdos, libios y de otros países situados a pocas horas de vuelo morían bajo los efectos de bombas diseñadas y construidas en los países occidentales desde aviones occidentales pilotados por franceses, británicos, rusos, norteamericanos o turcos.

Escribe el filósofo francés Comte-Sponville:

Ya nadie recuerda el nombre y el rostro de aquella niña que, en Auschwitz, lloraba porque tenía frío, porque tenía hambre, porque tenía miedo, aquella niña que, probablemente unos días después, digamos en diciembre de 1942, fue víctima de las cámaras de gas..., todos los que la conocieron han muerto... Pero lo que sucedió sigue siendo verdad, y seguirá siéndolo indefinidamente, aunque hoy, o mañana, ya nadie lo recuerde... ¿Significa esto que, pese a todo, el pasado existe? No, pues esta verdad es presente, siempre presente: para el pensamiento, la eternidad no es más que este estar siempre presente en la verdad. No es el pasado que permanece, es la verdad que no pasa.

¿Quieres que sienta dolor por niños que mueren de hambre? Yo siento dolor por ellos. ¿Quieres que proteste contra las guerras que siguen en las montañas? Yo protesto. Pero el corazón tiene sus dolores privados: ni siquiera todas las grandes causas buenas de este mundo pueden impedir que llore por un amor perdido.

ARNOLD WESKER,
The four seasons, 1966

Reflexiones al final del capítulo

1) El condicionamiento pavloviano es un proceso de aprendizaje consistente en la *asociación temporal* —casual o provocada— de dos estímulos, cada uno de los cuales produce inicialmente una reacción o respuesta diferente. Tras la asociación, al aparecer uno solo de los estímulos, se suscita, en mayor o menor intensidad, la respuesta que correspondía a la presentación del otro.

2) Si en la vida de una persona la percepción de sufrimiento o de placer desencadenan un estado emocional, los *estímulos temporalmente asociados* a esa percepción pueden quedar grabados de forma permanente

en la memoria y convertirse en estímulos condicionados con capacidad para ser activados y reproducir las
emociones asociadas. De este modo, un olor, un sabor,
una voz o un rostro conocido, una melodía, una caricia o un simple pensamiento pueden transformarse
en estímulos capaces de evocar directamente, en las
víctimas o espectadores directos, estados de ánimo
emocionales de gran intensidad. La neutralidad original de estos estímulos ha desaparecido de nuestra biografía, se han cargado de significado y se han convertido en factores poderosos capaces de alterar nuestra
conducta.

3) En los casos en que se produce un hecho realmente
dañino para las personas o sus seres queridos —episodio de guerra, violación, agresión física, atraco, robo,
tortura, encarcelamiento, secuestro, accidente automovilístico, diagnóstico de enfermedad letal, muerte
de un ser querido, desastre natural como terremotos, erupciones, inundaciones o tsunamis o tragedia
provocada por el hombre como un atentado terrorista—, puede aparecer en ellos, por *asociación temporal*, lo que se ha denominado estrés postraumático.

4) En las situaciones traumáticas, *la claridad, duración
e intensidad de las reacciones y los recuerdos* es radical-
mente distinta para las víctimas directas y espectadores presenciales, por una parte, y para los ciudadanos,
colegas o miembros de la comunidad que no se han

visto afectados, presencial, física o económicamente, por otra.

5) *Desde un punto de vista temporal,* en una negociación para lograr la paz social, desde la óptica de los políticos, los hechos trágicos ocurridos, aun los más recientes, pertenecen ya a un *pasado* que hay que superar. Pero para las víctimas se trata de vivencias y pérdidas que permanecerán *presentes* mientras vivan.

7.
Tiempo de despedida

Sea como sea, lo cierto es que, al margen de todas las consideraciones que podamos hacer, los hombres envejecemos, nuestra piel se arruga y llega el momento de abordar el tema de la cercanía de la muerte. Los efectos del tiempo sobre nuestro organismo no se detienen a pesar de la habilidad de los cirujanos plásticos. Se alcanza la jubilación sin que apenas nos demos cuenta. Y nuestra sociedad, tan amante de la juventud, la belleza y el deporte, suele ocultar a los ancianos.

Escribe Martin Seligman refiriéndose a la sociedad nortea-mericana, a la que cada día la nuestra se va pareciendo más:

> Los obligamos a jubilarse a los sesenta y cinco años, los mete-mos en residencias de ancianos. Ignoramos a nuestros abue-los, los apartamos; somos una nación que priva a las personas que han envejecido de control sobre los acontecimientos más importantes de su vida. Los matamos.

¿Cuántos ancianos se sienten solos, marginados, abandona-dos, despreciados? ¿Cuántos de ellos se encuentran claramen-te deprimidos? ¿Cuántos llegan a la vejez como una etapa en la cual se adquiere plena conciencia de que no solo se ha recorrido gran parte del camino, sino que apenas queda ca-mino que recorrer?

El cardiólogo Valentín Fuster opina que si estamos pro-longando la existencia y las personas siguen gozando de bue-na salud y calidad de vida, deberían, más allá de la jubila-ción, seguir contribuyendo a la mejora del conocimiento y la sociedad. Hemos luchado —estamos todavía luchando— para erradicar la discriminación por sexo, por etnia, por reli-gión, ¿por qué no luchar también contra la *discriminación por edad*? La jubilación es un derecho social y está bien que se fije una edad para poder acceder a ella, pero si a una per-sona le gusta su trabajo y tiene capacidad para llevarlo a cabo, si está activa y creativa, ¿por qué tiene que ser obliga-toria?

Un periodista preguntó una vez a Mahatma Gandhi:

—Lleva usted trabajando quince horas diarias, todos los días, desde hace casi cincuenta años. ¿No cree que ya va siendo hora de tomarse unas vacaciones?

A lo que Gandhi repuso:

—Yo siempre estoy de vacaciones.

> Nada
> destruye más a un hombre
> que vivir del pasado
> renunciando a seguir
> nuevos caminos.
>
> J. A. GOYTISOLO,
> escritor

Señala Antón Costas, catedrático de Política Económica de la Universidad de Barcelona:

¿Qué haremos con esos 30 o 35 años de vida que la ciencia y el desarrollo económico conceden a las nuevas generaciones de jubilados? ¿Cómo aprovechar la fuente potencial de riqueza que significan las personas mayores? ¿Qué cambios en la organización social, familiar, laboral y empresarial son necesarios? ¿Es lógico que la jubilación siga vigente a una edad tan joven como los 60 o 65 años? ¿Es adecuado que se produzca como una ruptura radical y completa del mundo laboral y no como un proceso gradual?... Mi impresión es que el manual de instrucciones para el uso de la jubilación está aún por escribir.

> Has de tomar tan en serio el vivir
> que a los setenta años, por ejemplo,
> si fuera necesario plantarías olivos
> sin pensar que algún día serán para tus hijos;
> debes hacerlo, amigo, debes hacerlo,
> no porque, aunque la temas, no creas en la muerte,
> sino porque vivir es tu tarea.
>
> NAZIM HIKMET,
> poeta

Los viajes de los individuos por la vida son diversos e imprevisibles; algunos, largos, duran más de noventa o cien años; otros, cortos, acaban prematuramente en la niñez o en plena juventud; a veces los hijos mueren antes que sus padres e incluso que sus abuelos. Yo mismo —en estos momentos, un anciano de 87 años— he visto desaparecer muchos amigos y familiares a lo largo del camino. Aunque la sonrisa de mi inteligente y única hermana, doce años menor que yo, permanece en Internet bajo el nombre de Montse Stanley, murió de cáncer hace ya muchos años; mi hijo Ricard encontró la muerte en un absurdo accidente de moto en una céntrica calle de Barcelona a los 22; más recientemente, mis nietos Marc y Jordi han perdido a su querido padre Andrés —otro cáncer— a los 53. Y tantos otros. Como señala el neurocirujano Marsh, en la misma línea de la película de Woody Allen *Match Point*, gran parte de lo que ocurre en el mundo es cuestión de suerte: de buena suerte o de mala suerte.

Hace tiempo, al leer el periódico, una noticia marginal llamó mi atención. La recorté, la conservé y la reproduzco a continuación. Corresponde a *El País* del 6 de enero de 2013:

Un niño de seis años falleció ayer en Málaga al escapar del control de sus padres y ser atropellado por una de las carrozas de la comitiva de los Reyes Magos cuando buscaba caramelos bajo sus ruedas.

Quintana nació cuando yo tenía treinta y un años. Fue ayer mismo cuando nació Quintana... Fue ayer mismo cuando le prometí que estaría a salvo en mis brazos... Ayer mismo Quintana estaba viva... Tengo setenta y cinco años.

Joan Didion,
escritora

Reservando tiempo para el futuro: los *memory books*

Existen circunstancias especiales, además de las guerras, en las que la mala suerte parece asolar a toda una colectividad y desaparecen generaciones enteras en un corto lapso temporal que impide a los padres educar a sus hijos y pasarles el testigo cultural. Este fue el caso de Uganda, en la década de los ochenta, con la llegada del sida. Nadie sabía qué era la enfermedad ni cómo se transmitía, pero si en alguno de sus habitantes aparecían los signos que la delataban, todos sabían que la muerte, una muerte frecuentemente horrible, los esperaba a la vuelta de la esquina. Gran número de adultos con hijos pequeños murió y más de un millón de huérfanos tuvieron que enfrentarse no solo al sufrimiento de su pérdida, sino también al gran vacío temporal que les impedía conocer quiénes eran y de dónde venían.

> Todos los hombres tenemos algo en común: nuestra humanidad. Una persona es solo persona a través de otras. Únicamente es humana cuando se relaciona con otras personas; es decir: yo solo puedo ser yo si tú eres tú.
>
> DESMOND TUTU,
> clérigo y activista

Esta gran laguna relacional fue en parte superada gracias al esfuerzo de personas como el novelista sueco Henning Mankell y la organización Plan Sverige, dedicada a ofrecer a los niños y padres que vivían en la marginación instrumentos que les permitieran aliviar y mejorar por sí mismos su situación. Así fueron creados los libros de recuerdos (*memory books*), escritos por personas infectadas con el virus del VIH que sabían que iban a morir:

> Los libros de recuerdos pretenden que los padres portadores del VIH preparen con delicadeza a sus hijos para que acepten

su muerte. Los padres hablan de sí mismos y escriben los recuerdos que conservan de sus hijos y de sus propios padres. Hablan de sus alegrías, de las tradiciones, de su manera de vivir y de asuntos de tipo práctico, como cultivar un huerto o cocinar los platos locales. Como todo buen padre, animan a sus hijos, les dan consejos sensatos y les hablan de lo que esperan de ellos.

Mankell nos habla de estos libros recordando que para evocar la figura de una persona no son indispensables ni las palabras ni las fotografías. Así, algunos de los libros de memoria —confeccionados, probablemente, por padres analfabetos— que encontró en Uganda carecían de texto:

Contenían flores secas, insectos, entre los que hallé una mariposa cuyas alas relucían en un curioso tono azulado. Alguien había fijado unos granitos de arena con cinta adhesiva. Pero también había dibujos a tiza, monigotes, paisajes, figuras humanas, como si las páginas del texto fuesen prehistóricas pinturas rupestres.

Encontré en aquellos testimonios relatos sin palabras construidos mediante imágenes. Hallé optimismo y claridad. Pero, claro está, también había en ellos desesperación y desasosiego: ¿qué será de mis hijos cuando yo no esté?

No obstante, todas las personas con las que hablé, todas las que, superando su inseguridad, se atrevieron a dejarles a sus hijos libros de recuerdos, se sentían felices por haberlo hecho. Hablé con hombres y mujeres que habían escrito hasta nueve o diez relatos distintos, uno para cada uno de sus hijos, pues tenían edades diferentes.

Dicho de otra manera: los padres que iban a morir dejaron a sus hijos un valioso trozo de tiempo con sentido, un precioso legado. Y las horas que destinaron a esta labor fueron terapéuticas para ellos.

Tal vez inspirado en los libros de recuerdos, años más tarde, el psiquiatra canadiense Harvey Chochinov diseñó una psicoterapia consistente en pequeños relatos autobiográficos confeccionados a través de entrevistas con enfermos cercanos a la muerte que se encontraban en unidades de cuidados paliativos.

Existen también ejemplos aislados de personas que encuentran en la redacción de una carta o un libro una forma de utilizar un tiempo que es, a la vez, terapia para ellos cuando lo escriben y legado para sus seres queridos u otras personas cuando desaparecen. Tal es el caso de Oliver Sacks, en especial su carta al *New York Times*, escrita en 2015, poco antes de morir:

Desde hace unos 10 años, he sido cada vez más consciente de la muerte de mis contemporáneos. Mi generación va de salida y con cada muerte he sentido un desmembramiento, como si arrancaran una parte de mí. Ya no existirá nadie como nosotros cuando nos hayamos ido, ya que nadie se asemeja a nadie jamás. Cuando las personas mueren, no hay quien las reemplace. Dejan huecos que son imposibles de llenar, puesto que el destino —el destino genético y neuronal— ha querido que cada ser humano sea un individuo único, encuentre su propio camino, viva su propia vida y muera su propia muerte. No voy a simular que no tengo miedo, pero el sentimiento que predomina en mi interior es de gratitud.

Mucho menos conocido es el legado de Elisabet Gili, una muchacha de 24 años afectada de cáncer que escribió en Barcelona un libro cuyas últimas páginas, ya fallecida, completó su pareja:

> Este libro era muy importante para ella, la ilusionaba hacer algo que ayudase a la gente que está enferma o que conoce a un enfermo. Quería dejar patente el cambio que había vivido como persona y que quedase claro que nunca había dejado de luchar y perseguir sus sueños... Si algo le había enseñado la enfermedad, es que tenía que vivir el día a día, que los problemas y las tonterías de juventud son eso, tonterías, y que hay muchas más cosas por las que preocuparse o, mejor dicho, por las que no hacerlo, porque lo que hay que hacer es vivir en paz.

Esta necesidad de acotar y elaborar mensajes para un tiempo futuro sigue estando presente en nuestros hospitales. En 2016, tuve ocasión de visitar, en uno de los pabellones modernistas del Hospital de la Santa Cruz y San Pablo de Barcelona, la interesante exposición «Luz profunda», en la cual se mostraban los mensajes, dibujos, pinturas y esculturas confeccionados durante su estancia en el hospital por los enfermos y familiares de la unidad de cuidados paliativos. En el momento en el que fueron realizados, obedecían a un objetivo terapéutico sugerido por la arteterapeuta Nadia

Collette, pero, tras la muerte de los pacientes, también han permanecido como objetos de recuerdo para sus deudos.

Reflexiones al final del capítulo

La *jubilación*, tras largos años de lucha sindical, es un derecho adquirido y constituye un gran logro social que se fije una *edad* para poder acceder a ella. Pero si una persona desea seguir activa y posee la necesaria capacidad física o mental para hacerlo, *¿por qué tiene que ser obligatoria?* ¿Por qué privarla prematuramente de la satisfacción de su trabajo y a la sociedad de su experiencia? Estamos en el mundo para dos cosas, decía Bertrand Russell: para ampliar el conocimiento y para incrementar el entendimiento entre los seres humanos. Y ambas cosas pueden hacerse hasta el final.

Samuel Ullman, un judío alemán que emigró joven a Estados Unidos y murió en 1924, nos ha legado las siguientes palabras:

La juventud no es un periodo de la vida; es un estado de espíritu... Nadie envejece meramente por el número de años... Los años arrugan la piel, pero renunciar a un ideal arruga el alma... Tengas dieciséis o sesenta años, joven es el que se asombra y maravilla. El que sigue preguntando como un muchacho insaciable: ¿y después?... En el centro de nuestro corazón tenemos un receptor sin hilos; eres joven en la medida en que tus antenas permanecen receptivas a los mensajes de belleza, esperanza y curiosidad procedentes de otros hombres y del infinito. Si abates tus antenas y dejas que tu espíritu se cubra con la nieve del cinismo y el hielo del pesimismo, entonces te convertirás en viejo aunque solo tengas veinte años. Pero mientras las mantengas en alto, dispuestas a captar las ondas de la vida, hay esperanza de que puedas morir joven a los ochenta.

Finalmente, no olvidemos el deseo que podemos experimentar antes de morir de que nuestro pequeño grano de arena puede ser valioso para alguien del futuro a quien no conoceremos jamás. Tal vez sea un pensamiento estúpido y romántico, pero, al menos para mí, es así.

> ...y tocaré
> el violín en las noches de fiesta
> para los viejos
> que permanezcan vivos como yo
> después de la última batalla.
>
> NAZIM HIKMET,
> poeta

8.
El final del principio

Dejadme que os hable
de ayer, una vez más
de ayer: el día
incomparable que ya nadie nunca
volverá a ver jamás sobre la tierra.

ÁNGEL GONZÁLEZ,

poeta

Este es un libro sencillo con un propósito sencillo: conseguir que el lector y el propio autor se detengan un momento a reflexionar sobre la importancia del factor temporal en su vida y en la de los seres humanos que comparten con ellos su mismo momento histórico.

No pretende plantear en profundidad problemas filosóficos, ideológicos o científicos. Estos pueden, sin embargo, emerger del texto, concebido como simple telón de fondo lleno historias, porque nuestra vida no se concibe sin ellas.

Se trata de un libro modesto, heterodoxo, incompleto e insatisfactorio para un mundo complejo, difícil e igualmente insatisfactorio en muchos aspectos. Espacio y tiempo son las coordenadas de todo ser humano, de todo ser vivo. El aspecto temporal ha sido el objetivo de las páginas precedentes. Intentar contemplar los problemas del país, la economía, la empresa, la educación, la sexualidad o la propia vida desde este ángulo tal vez consiga estimular la búsqueda de soluciones, proyectos y planteamientos nuevos y creativos.

Es difícil externalizar el tiempo y plasmarlo en algo material incluso para los grandes artistas. Tal vez la música sea la única capaz de conseguirlo a través del silencio.

Al referirse a una exposición de lienzos de Claude Monet en el Grand Palais, John Berger escribe:

Monet una vez confesó que quería pintar no las cosas, sino el aire que las tocaba. El aire envolvente. Hubo en el arte europeo otro pintor que se propuso un reto semejante: Vermeer. Los métodos de pintar no podían ser más diferentes, pero el sueño de ambos como pintores quizás fuera similar: capturar en la tela aquello en lo que estaban inmersos sus sujetos, reflejar de algún modo el aire transparente que los envolvía o abrazaba [...]. Monet a menudo hacía referencia a la «instantaneidad» que intentaba plasmar. El aire, por ser parte de una sustancia indivisible que es infinitamente extensa, transforma su instantaneidad en eternidad. Monet pinta la fachada de la catedral de Rouen treinta veces, y cada tela capta una imagen diferente y nueva conforme cambia la luz. Pinta veinte veces los mismos pajares en un campo..., persevera, buscando algo más, empeñado en ser más fiel, pero ¿a qué?, ¿al momento que pasa?...

Siguiendo tal vez el mismo impulso que Monet, quizás sea el notable pintor danés Vilhelm Hammershøi (1864-1916) quien, en el cuadro titulado *La danza del polvo en los rayos del sol*, haya conseguido el milagro.

El gran fotógrafo Henri Cartier-Bresson escribe:

En ocasiones, insatisfechos, nos sentimos bloqueados esperando que ocurra alguna cosa... y si, de repente, alguien cruza el espacio que observamos, seguimos su trayectoria a través del cuadro del visor, esperamos, esperamos..., disparamos, y nos vamos con la sensación de haber obtenido algo. La composición tiene que ser una de nuestras preocupaciones constantes, pero en el momento de fotografiar no puede ser más que intuitiva, ya que nos enfrentamos a instantes fugitivos en los que las relaciones cambian constantemente.

A través de Internet —pura coincidencia— acaba de llegarme el siguiente mensaje anónimo:

Si quieres saber el valor de un año,
pregúntale a un estudiante que acaba de ser suspendido
en sus exámenes finales.

Para conocer el valor de un mes,
pregúntale a una madre que dio a luz
prematuramente.

Para conocer el valor de una semana,
pregúntale al editor de alguna revista.

Para conocer el valor de una hora,
habla con un par de enamorados.

Para conocer el valor de un minuto,
pregúntale a alguien que acaba de perder
un tren, un avión o un autobús.

Para conocer el valor de un segundo,
pregúntale a alguien que acaba de sobrevivir
a un accidente.

Para conocer el valor de una milésima de segundo,
pregúntale a un atleta que acaba de perder
una medalla en las Olimpiadas.

El tiempo no espera nada;
disfruta de cada uno de los momentos que te son dados
porque son insustituibles.

Al terminar de leer el texto anterior, puede ser oportuno recordar las sabias palabras de Bertrand Russell, uno de mis
maestros, en el último párrafo de un libro extraordinario de

665 páginas en el que trata de analizar lógicamente los límites del conocimiento humano. Tras pasar revista, una por una, a la gran mayoría de disciplinas científicas, llega a una conclusión clara e inequívoca: «Todo conocimiento humano es incierto, inexacto y parcial».

> ¿Quién puede contar las nubes con exactitud?
>
> GEORGE STEINER,
> crítico

Debemos y podemos avanzar. Es posible conseguir que nuestros pasos sean cada vez más seguros. Una mejor gestión del tiempo interior puede ayudarnos en ello. Pero todo será siempre provisional, relativo, mejorable. No hay nada definitivo, salvo el comienzo y el final de los tiempos.

Nosotros solo pasamos a través de ellos y desaparecemos.

> He visto cosas que vosotros no creeríais. Naves de guerra ardiendo más allá de Orión. He visto rayos-c resplandecer en la oscuridad, cerca de la puerta de Tannhäuser. Todos esos momentos se perderán en el tiempo. Como lágrimas en la lluvia. Es hora de morir.
>
> De la película *Blade Runner*, 1982

Puede ser buena idea despedirnos del mundo en el que hemos vivido con gratitud, como Oliver Sacks en sus últimos escritos o como el director de cine Luis Buñuel:

Sin ilusión sobre la muerte, a veces me interrogo, no obstante, por las formas que puede adoptar. Me digo a veces que una muerte repentina es admirable, como la de mi amigo Max Aub, que murió de pronto mientras jugaba a las cartas. Pero, de ordinario, mis preferencias se dirigen a una muerte más lenta, más esperada, permitiendo saludar por última vez a toda la vida que he conocido. Desde hace varios años, cada vez que abandono un lugar que conozco bien, donde he vivido y trabajado, que ha formado parte de mí mismo, como París, Madrid, Toledo, El Paular, San José Purúa, me detengo un instante para decir adiós a ese lugar. Me dirijo a él y digo, por ejemplo, «Adiós, San José. Aquí conocí momentos felices; sin ti, mi vida hubiera sido diferente. Ahora, me voy, no te volveré a ver, tú continuarás sin mí, te digo adiós». Digo adiós a todo, a las montañas, a la fuente, a los árboles y a las ranas. Claro está que, a veces, regreso a un lugar del que ya me he despedido. Pero no importa. Al marcharme, lo saludo por segunda vez.

Coged las rosas mientras podáis,
veloz el tiempo vuela,
la misma flor que hoy admiráis
mañana estará marchita.

WALT WHITMAN,
poeta

Tempus fugit.

VIRGILIO,

poeta

...Y yo me iré. Y se quedarán los pájaros
cantando;
y se quedará mi huerto, con su verde árbol,
y con su pozo blanco.

JUAN RAMÓN JIMÉNEZ,

poeta

Bibliografía

Abirached, Z. (2009). *Je me souviens: Beyrouth*. París: Cambourakis. [Hay trad. cast.: *Me acuerdo: Beirut*. Madrid: Sinsentido, 2009.]

Agustín de Hipona (siglo v). *Las confesiones*. Disponible en: <www.diocesisdecanarias.es/pdf/confesionessanagustin. pdf> (consultado el 10 de mayo de 2017).

Arranz, P.; Barbero, J. J.; Barreto, P., y Bayés, R. (2004). *Intervención emocional en cuidados paliativos. Modelo y protocolos*. Barcelona: Ariel.

Balcells, M. (2013). «Fent de familiar en un procés terminal», *Annals de Medicina*, vol. 96, n.º 1, pp. 41-43.

Bayés, R. (1998). «La percepción del tiempo en la actividad deportiva», *Apunts. Educación Física y Deporte*, vol. 3, n.º 53, pp. 83-91.

Bayés, R. (2006). *Afrontando la vida, esperando la muerte*. Madrid: Alianza.

Bayés, R. (2016a). *Olvida tu edad*. Barcelona: Plataforma Editorial.

Bayés, R. (2016b). *Diarios de un pasajero de avión*. Alcalá la Real (Jaén): PezSapo.

Bayés, R., y Morera, M. (2000). «El punto de vista del paciente en la práctica clínica hospitalaria», *Medicina Clínica*, vol. 115, n.º 4, pp. 141-144.

Benson, H., y Klipper, M. Z. (1976). *The relaxation response*. Londres: Collins.

Berger, J. (1967). *A fortunate man*. Londres: Random House. [Hay trad. cast.: *Un hombre afortunado*. Madrid: Alfaguara, 2008.]

Berger, J. e Y. (2014). *Flying skirts*. Limerick: Occasional Press. [Hay trad. cast.: *Rondó para Beverly*. Barcelona: Alfaguara, 2015.]

Broyard, A. (1992). *Intoxicated by my illness*. Nueva York: Random House. [Hay trad. cast.: *Ebrio de enfermedad*. Segovia: La Uña Rota, 2013.]

Buñuel, L. (1982). *Mi último suspiro*. Barcelona: Plaza & Janés.

Cabrera, E. (1995). «Algo más grave que una "pertinaz" sequía», *El País,* 24 de diciembre, p. 26.

Campion, E. W. (1998). «Aging better», *The New England Journal of Medicine*, vol. 338, pp. 1064-1066.

Cassell, E. J. (1982). «The nature of suffering and the goals of medicine», *The New England Journal of Medicine*, vol. 306, n.º 11, pp. 639-645. [Hay trad. cat. en: *Annals de Medicina*, vol. 92, n.º 4, pp. 192-198.]

Chochinov, H. M.; Hack, T.; Hassard, T.; Kristjanson, L. J.; McClement, S., y Harlos, M. (2005). «Dignity Therapy: A novel psychotherapeutic intervention for patients near the end of life», *Journal of Clinical Oncology*, vol. 23, n.º 24, pp. 5520-5525.

Clínica y Salud (2004). Número monográfico dedicado al atentado terrorista del 11M, vol. 15, n.º 3.

Comte-Sponville, A. (2000). *Présentations de la philosophie.* París: Albin Michel. [Hay trad. cast.: *Invitación a la filosofía.* Barcelona: Paidós, 2000.]

Comte-Sponville, A. (2006). *El alma del ateísmo. Introducción a una espiritualidad sin Dios.* Barcelona: Paidós.

Concejalía de Gobierno de Seguridad y Servicios a la Comunidad (2004). *Guías para ayudar a las víctimas del 11-M.* Madrid: Ayuntamiento de Madrid.

Costas, A. (2006a). «Manual de instrucciones para nuevos jubilados», *El País* (Cataluña), 4 de abril, p. 32.

Costas, A. (2006b). «Para siempre jóvenes», *El País* (Cataluña), 17 de octubre, p. 32.

Cruz, J. (2017). «¿Y ahora quién pintará este "Guernica"?», *El País,* 21 de agosto, p. 28.

Didion, J. (2006). *El año del pensamiento mágico.* Barcelona: Global Rhythm Press.

Dossey, L. (1982). *Space, time and medicine.* Boulder (Colorado): Shambhala. [Hay trad. cast.: *Espacio, tiempo y medicina.* Barcelona: Kairós, 1986.]

Epstein, P. R. (2005). «Climate change and human health», *The New England Journal of Medicine*, vol. 353, n.º 14, pp. 1433-1436.

Eysenck, H. J. (1960). *The psychology of politics.* Londres: Routledge & Kegan Paul.

Fundación Biblioteca Josep Laporte y Harvard School of

Public Health (2006). *Confianza en el sistema nacional de salud.*

García Tejera, S. (2017). *Acompañar: un paseo por mi trastienda.* Almería: Círculo Rojo.

Gastaminza, G. (2006). «"Estoy dispuesto a oír tu dolor y tu indignación"», *El País,* 4 de noviembre, p. 24.

Gil Calvo, E. (1994). «Caladeros», *El País,* 27 de septiembre, p. 60.

Gili, E. (2002). *La sonrisa de Elisabet.* Barcelona: Martínez Roca.

Gracia, D. (2013). *Construyendo valores.* Madrid: Triacastela.

Haines, A.; Kovats, R. S.; Campbell-Lendrum, D., y Corvalán, C. (2006). «Climate change and human health: impacts, vulnerability, and mitigation», *The Lancet,* vol. 367, n.º 9.528, pp. 2101-2109.

Hastings Center (2004). *Los fines de la medicina.* Barcelona: Cuadernos de la Fundació Víctor Grífols i Lucas, n.º 11.

Heath, I. (2007). *Matters of life and death. Key writings.* Londres: Radclife. [Hay trad. cast.: *Ayudar a morir.* Buenos Aires/Madrid: Katz, 2008.]

Heath, I. (2017). «Information without wisdom», *British Medical Journal,* vol. 358, p. j3203.

Hospital de la Santa Cruz y San Pablo (2016). *Luz profunda* (exposición celebrada en Barcelona, Pabellón de La Purísima, Recinto Modernista del Hospital de la Santa Cruz y San Pablo, del 22 de abril al 21 de junio). Disponible en: < https://www.santpaubarcelona.org/llumprofunda> (consultado el 10 de agosto de 2017).

James, W. (1890). *Principles of psychology.* Nueva York: Holt. [Hay trad. cast.: *Principios de psicología.* México: Fondo de Cultura Económica, 1994.]

Kabat-Zinn, J. (1990). *Full catastrophe living.* Nueva York: Random House. [Hay trad. cast.: *Vivir con plenitud las crisis.* Barcelona: Kairós, 2006.]

La Vanguardia (2006). *Agua: el desafío del siglo XXI,* n.º21, octubre-diciembre.

Laín Entralgo, P. (1983). *La relación médico-paciente.* Madrid: Alianza.

Mankell, H. (2003). *Jag dör, men minnet lever.* Oslo: Gyldendal Norsk Forlag. [Hay trad. cast.: *Moriré, pero mi memoria sobrevivirá.* Barcelona: Tusquets, 2008.]

Marsh, H. (2014). *Do not harm: stories of life, death and brain surgery.* Londres: Weidenfeld and Nicolson. [Hay trad. cast.: *Ante todo, no hagas daño.* Barcelona: Salamandra, 2016.]

Martens, R. (1987). *Coaches guide to sport psychology.* Champaign (Illinois): Human Kinetics.

Martín Gaite, C. (1982). «De su ventana a la mía», en: L. Freixas (ed.), *Madres e hijas.* Barcelona: Anagrama, 1996, pp. 39-44. Disponible en: <http://www.realidadyficcion. es/revista_diotima/martin_gaite/ventana.htm> (consultado el 30 de septiembre de 2017).

Mastroianni, M. (1997). *Sí, ya me acuerdo...* Barcelona: Ediciones B.

Mora, F. (ed.) (2000). *El cerebro sintiente.* Barcelona: Ariel.

Nuland, S. B. (1993). *How we die. Reflections on life's final chapter*. Nueva York: Vintage. [Hay trad. cast.: *Cómo morimos. Reflexiones sobre el último capítulo de la vida*. Madrid: Alianza, 1995.]

Pamuk, O. (2009). *El museo de la inocencia*. Barcelona: Mondadori.

Paunero, X. (2006). «El Empordà se quema», *El País* (Cataluña), 12 de agosto, p. 26.

Perec, G. (1978). *Je me souviens*. París: Hachette. Disponible en: <http://ateldec.chez.com/00002000/> (consultado el 20 de julio de 2017). [Hay trad. cast.: *Me acuerdo*. Madrid: Impedimenta, 2017.]

Proust, M. (2011). *En busca del tiempo perdido*. Madrid: Alianza.

Russell, B. (1948). *Human knowledge. Its scope and limits*. Londres: George Allen & Urwin. [Hay trad. cast.: *El conocimiento humano. Su alcance y limitaciones*. Madrid: Taurus, 1964.]

Sacks, O. (2015). *Gratitude*. Nueva York: Alfred A. Knopf. [Hay trad. cast.: *Gratitud*. Barcelona: Anagrama, 2016.]

Salgado, S. (2014). *De mi tierra a la Tierra*. Madrid: La Fábrica.

Seligman, M. E. P. (1975). *Helplessness*. Nueva York: Freeman. [Hay trad. cast.: *Indefensión*. Barcelona: Debate, 1991.]

Simón, V., y Germer, C. K. (2011). *Aprender a practicar la atención plena (mindfulness)*. Barcelona: Sello Editorial.

Skinner, B. F. (1953). *Science and human behavior*. Nueva

York: MacMillan. [Hay trad. cast.: *Ciencia y conducta humana.* Barcelona: Martínez Roca, 1969.]

Sputnik Mundo (2017). «Ataques terroristas en Europa en 2015-2017». Disponible en: <https://mundo.sputnik news.com/europa/201704071068210498-seguridad-eu ropa-terrorismo/> (consultado el 27 de julio de 2017).

Steiner, G. (1997). *Errata: An examined life.* Londres: Phoenix. [Hay trad. cast.: *Errata: el examen de una vida.* Madrid: Siruela, 1998.]

The Economist (2006). «The heat is on. A special report on climate change», 9 de septiembre.

Tolle, E. (1997). *The power of now: A guide to spiritual enlightenment.* Vancouver: Namaste. [Hay trad. cast.: *El poder del ahora: Una guía para la iluminación espiritual.* Madrid: Gaia, 2001.]

Willsher, K. (2017). «Alpine ski resorts could lose up to 70 % of snow cover by 2100», *The Guardian,* 17 de febrero. Disponible en: <https://www.theguardian.com/world/2017/feb/17/alpine-ski-resorts-could-lose-up-to-70-of-snow-cover-by-2100-experts> (consultado el 12 de agosto de 2017).

Wilson, K. G., y Luciano, M. C. (2002). *Terapia de aceptación y compromiso.* Madrid: Pirámide.

Agradecimientos

El autor quiere agradecer a Jordi Nadal, Domènec Guimerà, Albert Figueras, Francesc Xavier Borrás y Tomás Blasco sus valiosas sugerencias, las cuales han contribuido a la mejora del texto original.

Su opinión es importante.
Estaremos encantados de recibir sus comentarios en:

www.plataformaeditorial.com/miopinionporunlibro

Introduzca el código **EL18RE18**
y le enviaremos un libro de regalo.

Vaya a su librería de confianza.
Tener un librero de cabecera es tan recomendable
como tener un buen médico de cabecera.

«*I cannot live without books.*»
«No puedo vivir sin libros.»
Thomas Jefferson

Plataforma Editorial planta un árbol
por cada título publicado.

Tu futuro

Consejos de una Premio Nobel a los jóvenes

RITA LEVI-MONTALCINI

«La cultura no se encuentra en Internet, sino
en nuestra manera de situarnos ante la pantalla.»

Del prefacio de GREGORIO LURI, filósofo y experto en educación

Este libro señala los peligros a los que están expuestos los jóvenes
en la sociedad contemporánea, y sobre todo ofrece una guía para
afrontar la vida con optimismo, confianza y valor.

*misma eldora le dieron
* antes. en GP.
* como se reclaman
* cada cuanto
Blood test.
como saber resultados

 BARCLAYS